文化としての保護司制度

立ち直りに寄り添う「利他」のこころ

保護司みらい研究所
今福章二［編著］

ミネルヴァ書房

はじめに

〝更生とは kintsugi です〟

「国際更生保護ボランティアの日」の宣言のため、第二回世界保護司会議が開催されたオランダ・ハーグ市を訪れた時のことです。オランダ王国司法安全省の会議場で、矯正行政担当者の口から漏れたこの〝kintsugi〟が、日本語の「金継ぎ」を指すと分かるまでにはしばらく時間がかかりました。陶磁器のうつわが割れたり欠けたりしたときに漆と金粉を使って修復する日本独自の技法である金継ぎは、単なる修復を超え、新たな魅力・アートを生み出す技として海外で注目されています。それをそのまま「き」「ん」「つ」「ぎ」と発音することによって、犯罪に手を染めた人、人生、生活、社会環境の再生を目指す更生保護の本質に触れようとしていたのでした。

このような更生保護の屋台骨となっているのが、日本の保護司です。それが賞味期限のある「制度」を超えて、一三〇年以上も続いてきたのには、何か特別な理由があるに違いありません。きっとそれは、人の人生に深く関わる保護司の個々の営みが、集合化し、運動化し、社会のあり方や時代の空気に測り知れない影響を与えてきたからではないでしょうか。地道な努力を重ねて地域にしっかり根を張り、そして、明日への希望や夢を生み出すチカラ、すなわち「文化」にまで成長したと言えるでしょう。

時代の変化の波に揉まれながら、大切なものを見失わなかったからこそ今があるとしたら、その大切にしてきたものとは何でしょうか。それを「利他」と「寄り添い」の面から考えてみたのが、本書の第一部です。保護司は、上段から構えて善導するように何らかの形で相手をコントロールしようとすることは本旨ではありません。むしろ、人が本来の自分を取り戻し、秘めた可能性が引き出されるのにとことんまで付き合おうとする存在です。人は変われます。しかし、なぜ人が変われたのかを後付けでも合理的に説明することは、実は容易ではありません。保護司との出会いが奇跡を呼び込んだとしか考えられない瞬間があるのです。何か大きなチカラによって導かれるように。それはどういうことなのでしょうか。

この点で、第一章では、保護司と罪を犯した人との出会いが「利他」を起動させている点に注目します。第二章では、相手が大切にしていることや考えを尊重し、相手に寄り添うという作法の意味を、ケアの概念を使いながら明らかにしていきます。対談や随想とあわせて読んでいただければ、保護司が寄り添いの作法を愚直に重ね、祈るような気持ちで相手の人生に絡んでいく先に、思いがけず「利他」のこころが立ち現れて相手のこころが揺れるというような、ダイナミックな展開が浮かび上がってきます。また、このような「利他」と「寄り添い」のルーツを更生保護の歴史に遡ってみると、「民間の人々」や「地域」に行き当たります（第三章）。保護司は、よく言われる「官製」ボランティアではなく、地域発ボランティアとして、世間知の詰まった民衆文化を体現する存在なのです。

保護司という文化は、人と人が様々な形でケアし合えるコミュニティ、生きづらさを抱える人々が誰一人取り残されることなく、やり直しができるよう応援するコミュニティを創るチカラとなってきました。前述した「利他」のこころと「寄り添い」の作法を軸とする保護司の文化は、行き過ぎた自己責任論がもたらす社会の閉塞感を打ち破るチカラでもあります。その意味で保護司という文化は社会全体の維持・存続になくてはならないものです。

このような「応援するコミュニティ」を現代的文脈の中でどのように実現するかという点について考えてみたのが、第二部です。初めに、第四章では「地域共生社会」や「包括的な支援」などのキーワードをもとに考察していきます。地域共生社会の実現には、地方自治体や社会福祉関係者などの専門家だけでなく、地域住民が応分の責任を負うことが必要とされます。そのような大きな地域社会像を描く中で、保護司にしか果たすことができない役割や保護司がいてこそ輝ける営みは何かということを考えていきます。全国五か所の保護司の実践を紹介したコラムでは、応援するコミュニティづくりのために保護司会が果たす役割の大きさが具体例をもって示されています。そこから、過去から現在、現在から未来へと、このような保護司の文化を継承・発展させていく上で、保護司「会」の役割が欠かせないことも伝わってきます。

次に、このような保護司の文化を比較法制度・文化的な観点から検討したのが第五章です。オーストラリアを始めイギリス連邦の諸国との比較や国際的思潮の分析を踏まえ、日本の保護司制度の特徴を明らかにしていきます。もちろん、そこでの差異は絶対的なものではなく、相対的で互いに影響し浸透し合うものであり、そのような基盤の上に、「国際更生保護ボランティアの日」が制定されていることも理解しておく必要があるでしょう。

今、ＨＯＧＯＳＨＩに世界の目が注がれています。それは、更生を支え将来的な立ち直りのために種を蒔くチカラと、犯罪や非行を生みにくい社会となるよう地域を耕していくチカラという、保護司の文化的な働きに改めて注目が集まってきたのです。この社会を動かすチカラは、ここから始まる未来の日本社会にとっても必要とされるに違いありません。

なお、本書は、保護司みらい研究所がこれまでに行ってきた、保護司制度の総合的研究に関係する各種の議論の内容をもとに構成しています。口頭での発表や対談がもとになっているものが大半であり、読者のみなさまにできる限り臨場感をもって議論に参画する体験をしていただければと思います。

保護司という文化のチカラが、どこから生まれ、どんな働きをし、何に支えられ、何を支えているのか、将来を見据えて強めていくためにはどうしたらよいか、様々に思いを巡らしていただけることを願っています。保護司にとっても、保護司でない人にとっても、誰一人取り残されることのない安全で安心な未来社会を構想する上で、保護司という文化が欠かせないものであることをきっと分かっていただけるはずです。

二〇二四（令和六）年八月

保護司みらい研究所代表　今福章二

文化としての保護司制度——立ち直りに寄り添う「利他」のこころ　目次

第I部　「利他」と寄り添い

第Ⅱ部　応援のコミュニティを創る

序論　保護司とは

押切久遠

保護司の方々

私はもともと保護観察官ですが、この仕事を選んで本当に良かったと思うのは、保護司の方々と出会えたことです。

保護司は、犯罪や非行をした人の立ち直りを助け、その再犯を防ぎ、新たな被害者を生まない安全・安心な地域社会づくりに貢献する民間のボランティアです。その活動の根底にあるのは、「人は変われる」「地域をより良いものにしたい」という思いです。

全国津々浦々にいる保護司の数は約四万七〇〇〇人。平均年齢は六五・六歳。男女比は三対一程度。職業関係は会社員、会社・団体役員、公務員、宗教家、農林水産業・商業・社会福祉事業の従事者、主婦（夫）、無職など多種多様です。適任者の中から法務大臣が委嘱し、身分は非常勤の国家公務員となります。民間ボランティアと言われるのは、保護司には給与が支給されず、活動に要した費用の全部又は一部が弁償（実費弁償）される仕組みとなっているためです。

このような保護司の方々の活動が、あまり目立たないところで、日本の安全・安心を大きく支えてきました。

裁判・審判後の長いストーリー

例えば、犯罪が起こると、犯罪をした人を警察官が逮捕し、検察官が起訴し、裁判官が裁くというように刑事手続が進み、ミステリードラマなどではよくその様子が描かれます。しかし、罪が確定した後に、犯罪をした人がどのような処遇を受けるのかは、あまり知られていません。

刑務所に入所して処遇を受け仮釈放となった場合や、裁判で保護観察付きの執行猶予となった場合、犯罪をした人は地域社会に戻って保護観察を受けることとなります。その他にも、非行をして家庭裁判所で保護観察の決定を受けた少年や、少年院に送られて矯正教育を受け仮退院となった少年も、地域で保護観察を受けます。

犯罪や非行をした人の立ち直りや再犯防止に向けて、現実には、裁判や審判の後も長いストーリーが展開するのです。

保護観察における官民協働

保護観察の対象となった人は、保護観察の期間中（数か月から数年）、遵守事項という約束事を守りながら、地域社会で通常の生活を送ることとなります。この保護観察を実際に担うのが、法務省の出先機関で全国に五〇か所ある保護観察所の保護観察官（約一二〇〇人）と、民間のボランティアである保護司です。

例えば、窃盗や傷害で家庭裁判所に送致された少年が、保護観察の決定を受けた場合。その少年は、保護者と共に保護観察所に出頭し、まずは保護観察官の面接を受けます。その初回面接や関係記録を基に、保護観察官は少年の持つ課題や長所をアセスメントし、保護観察の実施計画を立てます。そして、少年が住む地域の保護司に担当を依頼すると、そこから毎月定期的に（通常は月二回程度）保護司が面接を行い、約束事を守るよう指導したり、困り事の相談に乗ったり、必要な助言をしたりします。保護司は、毎月の保護観察の状況を保護観察所に報告し、保護観察官は、その報告などを基に必要な措置を講じます。

地域における隣人的な見守りや支援などが保護司の役割であり、専門職である保護観察官は、保護司の相談に乗るとともに、保護観察の対象となった人の生活状況が良くないときの危機介入、専門機関との連携、専門的な処遇プログラムの実施などの役割を担います。

ちなみに、このように官民が協働して犯罪や非行をした人の処遇を行う制度は、世界的にも珍しく、欧米の方々からは「驚くような仕組みだ」という声を聞くことがあります。欧米のほとんどの国は、専ら保護観察官が保護観察を行っているためです。

押切久遠（おしきり・ひさとお）

法務省保護局長。中央大学法学部卒業。1988年に東京保護観察所に採用され，法務省保護局，青森・水戸・さいたまの各保護観察所，法務総合研究所等に勤務し，2023年７月から現職。働きながら，筑波大学大学院教育研究科で修士（カウンセリング），東京成徳大学大学院心理学研究科で博士（心理学）の学位を取得。臨床心理士・公認心理師。著書に『クラスでできる非行予防エクササイズ』（図書文化社，2001年）など。

日本においては、犯罪者の立ち直り支援が、明治の時代にまずは民間から立ち上がり、徐々に官も関与するようになり、本格的に官民協働の態勢となったのは、戦後の一九四九（昭和二四）年からであるという歴史があります。

処遇活動

このように保護司は、保護観察官と共に個別のケースを担当し、保護観察を行うほか、生活環境の調整と言って、刑務所や少年院に収容中の人の引受人と会うなどして、出所後の生活がスムーズに送れるよう調整する活動も担っており、それらを「処遇活動」と呼んでいます。

現状、一人の保護司が年間に担当するケースは、平均すると、保護観察が一件程度、生活環境の調整も一件程度ですが、担当件数は地域によっても異なります。また、保護司が、他の保護司と一緒にケースを担当することを希望する場合には、原則として複数人で担当することとなります。

処遇活動における保護司の態度

少し前になりますが、二〇〇四（平成一六）年に全国三〇〇〇人の保護司にアンケート調査(1)を行い、「対象者と面接を行う際に心がけていることは何ですか」という質問をしたところ、回答で一番多かったのは「対象者の話をよく聴く」であり、次に「和やかな雰囲気を作る」「対象者の良い点をほめる」「対象者の問題点に気付かせる」と続きました。このことからも分かるように、保護司は受容と共感を大切に、犯罪や非行からの立ち直りを目指す人たちに寄り添う活動をしています。

それは、地域の隣人として、これまで培ってきた人生経験や生きていく上での知恵を活かしながら行うものであり、保護司は、犯罪や非行をした人たちが「これまでに出会ったことのない存在」として現れ、交流が始まります。そして、紆余曲折を経たり長い時間がかかったりすることもありますが、犯罪や非行をした人たちも「地域に自分を見捨てない人がいる」「この人を裏切ってはいけない」といった思いを抱きつつ、変化へと向かっていきます。

地域活動

保護司活動のもう一つの柱となるのが「地域活動」です。地域活動とは、立ち直りや再犯防止に理解のある社会、そして、そもそも犯罪や非行の起こりにくい社会を築くための活動です。非行を防ぐための学校との連携、地方公共団体等と協力した広報啓発活動など、多様な活動が通年で行われています。

地域活動が特に活発に行われるのは、「社会を明るくする運動～犯罪や非行を防止し、立ち直りを支える地域のチカラ～」という国民的な運動の強調月間である七月です。その期間中には、保護司等が関係機関・団体と協力して、街頭広報、講演会・シンポジウム、公開ケース検討会、非行防止教室・薬物乱用防止教室、スポーツ大会、ワークショップ、声かけ運動、街頭補導活動などの多彩な活動を展開します。

また、生きづらさを抱え犯罪や非行をした人については、就労・住居・福祉・相談等の支援を息長く行うことが重要であるため、各地で関係機関・団体が再犯防止と更生支援のネットワークを構築し、必要な支援を切れ目なく行う取組が進められており、その地域ネットワークの一員として保護司会が活躍している例があります。

保護司は、処遇活動を通じて「なぜ犯罪や非行が起こってしまうのか」「どうしたら犯罪や非行をした人が立ち直っていけるのか」についての経験や知識を蓄積しているのであり、次にそれを「どうしたら犯罪や非行の起こりにくい社会を作れるのか」という観点から地域へ還元し、地域の力を培うこととなります。犯罪や非行の数が減少し、保護観察となるケース等も減少傾向にある中、保護司活動においてこの地域活動の比重が高まっていると言えます。

保護司会

保護司は、一つ又は複数の地方公共団体ごとに保護司会を組織しており、それが全国に八八二団体あります。通常、地域活動は、この保護司会の組織的な活動として行われます。

保護司会ごとに活動拠点として置かれているのが「更生保護サポートセンター」で、そこでは、主に経験豊富な保護司が駐在し、個々の保護司の処遇活動に対する支援、関係機関・団体との連携、面接場所の提供、各種会議の開催などを行っています。

保護司制度が直面する課題

保護司制度が直面する大きな課題の一つに「保護司の長期的な減少傾向や高齢化」があります。

保護司の数は、ピーク時（二〇〇四年）と比べると三〇〇〇人近く減少しています。一方、平均年齢は上昇を続け、六五・六歳となっています。特に、今も主力として活躍されている七〇代の方々が約四割を占め、その方々が今後一〇年ほどの間に退任されていくこととなります。高齢化は、豊富な経験を有しているという面では良いことなのですが、多くの方が退任されていく中、今後、若い年代の方々も含めた多様な方々に保護司になっていただく必要があります。
もう一つの大きな課題は「社会の変化に伴う活動の困難化」です。
地域の絆、地域の人間関係が希薄化しているとよく言われますが、一人一人の個人化が進み、つながりを持つことが難しい状況の中で、地域を舞台にいろいろなネットワークを使いながらやってきた保護司の活動が、困難化しています。以前であれば、家庭や学校や地域の機能を活用して出来た様々な支援や教育が、だんだんと難しくなってきています。

さらに大きな課題の一つに、「保護司の方々の安全の確保」があります。ボランティアで活動してくださっている保護司の方々に、そのようなことがあってはならないのですが、大変残念ながら、保護司の方が担当する保護観察対象者等から被害を受けるというケースがあります。

保護司は非常勤の国家公務員ですので、活動中に傷害を負った場合等には公務災害として補償を受け、また、物損についても補償する制度がありますが、我が国の更生保護制度は、保護司が対象者から危害を加えられることはまずないという前提のもとに続いてきました。しかし、昨今の状況は、保護司の安全確保を十分に行うことが、保護司制度の存続に欠かせない条件であることを示しています。当局としても、この安全確保に万全を期していきたいと考えております。

以上のような状況において、法務省では、「持続可能な保護司制度の確立に向けた検討会」を設け、課題解決に向けた多角的な議論を行っているところです。

世界的にも注目を集める保護司制度

世界の国々が治安や再犯防止に頭を痛める中、日本の保護司制度は国際的にも注目を集めています。

二〇二四年四月一七日には、犯罪者処遇の専門家、研究者、地域ボランティア等が一堂に会してオランダで行われた第二回世界保護司会議（第一回は二〇二一年に京都市で開催）において、同日を「国際更生保護ボランティアの日」とする宣言がなされました。この宣言には、保護司を代表的なものとする地域ボランティアの活動を更に推進し、その取組に対する国際的認知の向上を図ることなどが盛り込まれました。

関連して、同年五月二〇日付けの日本経済新聞の記事(2)には、国連などの外交の場で受刑者の再犯防止や社会復帰の問題が注目される中、保護司制度を持つ日本がその議論を主導するとあります。国連の会合で日本政府が保護司制度を紹介したところ、二五か国の代表者が集まり、日本の制度から取り入れるべき点は多いなどの感想を述べたといいます。日本の保護司制度が世界的な関心を集めていることを伝える記事です。

人の変化について伝える記事

前述の記事のほかにも、このところ二つの記事が目を引きました。

一つは、読売新聞の「広角多角」という記事(3)です。

少年時代に保護観察の対象となった男性は、立ち直ろうという気持ちをまったく持てないまま再非行に走り、毎月二回面接してくれ、少年院にも毎月手紙を送ってくれた保護司を裏切ったそうです。

しかし、自分が家族を持ち、二〇代後半になってようやく自らの過ちに気付き、説教じみたことは一切言わず、ただ優しく寄り添おうとしてくれた保護司のことを思い出し、その家を訪ねてみたとのことです。ところが、その保護司の方は既に亡くなっていました。奥様によれば、七四の歳にがんで亡くなるまで保護司の仕事に熱心で、少年らとの面接に備えて好きな酒を控え、就職を世話し、最後の面接では必ず近所の食堂に連れ出して、再出発を応援されていたそうです。

元非行少年だった男性は、現在、出所者や非行少年を受け入れる施設の運営に携わり、担当してくれた保護司に恩返しはできなかったが、目の前の少年たちに「恩送り」していきたいと、自らも保護司になっています。一人の保護司の思いが、長い時を経て、誰かの心に火をともし、受け継がれていくという内容でした。

二つ目は、毎日放送（ＭＢＳ）のネット記事(4)です。

非行を繰り返して覚醒剤にまで手を出し少年院に送られた男性が、少年院の中で「医師になりたい」という夢を思い起こし、大変な努力をして三〇歳で医師免許を取得しました。そして今は、少年院を仮退院中に保護観察を担当してもらった保護司の男性を、訪問診療の患者として治療している。つまり、担当した非行少年が医師になり、元保護司のケアに当たっているという奇跡のようなお話です。男性は開業医として、患者を断らない病院を目指して地域医療に貢献し、月二度のペースで被災地でのボランティア活動にも従事しているということです。

おわりに

紹介した記事のようなケースは特別なものですが、保護司の方々とお話ししていると、よく「人は変われるものだ」という話題になります。もちろん、「なかなか変わらない」とため息をつき合うこともあります。それでも、最初は氷のように固かった相手の心が、保護司の温かい姿勢を前にして徐々に溶けていき、長い時間をかけて変わっていく。その様子が、毎月の報告として積み重ねられた保護観察の記録を通読するとよく分かります。その人が犯罪や非行から立ち直り、家庭や仲間を大事にし、仕事を続けることによって、一体どれだけ多くの人が救われ、社会的利益が生じるのだろうかとも思います。

保護司の方々からよく聞くのは、「地域に少しでも恩返しができた」「保護司になって自分も成長できた」「人の輪が広がった」といった言葉です。難しく、大変な活動ですが、保護司の方々がそこから多くのことを得られているのではないかと拝察します。私たち法務省は、そのような保護司の方々の善意や高い志に甘えることなく、引き続き保護司活動に少しでも充実感を持っていただけるよう、その安全確保や負担軽減や活動環境の整備に取り組んでいく必要があるのだと、改めて考えております。

冒頭に戻って、なぜ私が保護司の方々と出会えて良かったと思えるのかというと、一緒に活動する中で学ぶことがとても多く、また、「少しでも社会の役に立ちたい」という保護観察官を志したときの気持ちを忘れずにいられるからです。私は、保護司のこと、更生保護のことを考える度に、心理学者であるエーリッヒ・フロムの次のような言葉(5)を思い出すのです。「もし驚くべきなにものかが――そして勇気づけてくれるなにものかが存在するとすれば、それは、人間にさまざまなことがおこったにもかかわらず、人類が歴史の全過程にわたり、またこんにち無数の個人のうちにみいだされるような、尊厳、勇気、品位、親切というような性質を保存し、――現実に発展させたという事実である」。

＊

保護司やそれに関わることの概要は、次のウェブページで紹介されています。

法務省
ウェブページ

全国保護司連盟
ウェブページ

注

（1）法務総合研究所「保護司の活動実態と意識に関する調査」二〇〇五年、『法務総合研究所研究部報告』二六

（2）日本経済新聞「再犯防止、日本が主導」二〇二四年五月二〇日付朝刊

（3）読売新聞「広角多角　無給で働く四万人　保護司という仕事」二〇二四年五月二六日付朝刊

（4）ＭＢＳ ＮＥＷＳ「覚醒剤に手を出して一八歳で少年院へ…思い出したのは父と同じ『医師』になる夢」二〇二四年五月二四日配信

（5）エーリッヒ・フロム著／日高六郎訳『自由からの逃走』一九五一年、東京創元社

特別寄稿

「国際更生保護ボランティアの日」宣言に寄せて

赤根智子

二〇二四年四月一七日、第二回世界保護司会議がオランダ・ハーグ市で開催され、毎年四月一七日を「国際更生保護ボランティアの日」と定める宣言が無事採択されました。皆様の日頃のご努力と長年のご労苦が実った瞬間であると感じ、感慨もひとしおでございます。宣言採択までの関係者の皆様のご尽力は大変大きかったものと理解しておりますが、こうした形ある成果につながったことに対し、改めてお祝いを申し上げたいと思います。

二〇一四年と二〇一七年に東京で開催されたアジア保護司会議を経て、それが二〇二一年に京都で開催された第一四回国連犯罪防止刑事司法会議（京都コングレス）の際に、第一回世界保護司会議へといわば昇格を果たしました。さらに今回は二回目の世界保護司会議となりましたが、日本以外での世界保護司会議として開催されたのは、世界初、まさにギネスブック記録に載せてほしいくらいの画期的な出来事であると感じます。この約一〇年間に、保護司会議が日本国内からアジアへと、さらにはグローバルなスケールにまで大きな飛躍を遂げたことはうれしい驚きでもあり、これからのことを考えるとますます大きな期待に胸が膨らみます。

私は、二〇一四年と二〇一七年のアジア保護司会議には出席させていただくことができましたが、二〇二一年の京都コングレスには参加できませんでした。それもあって、今回こうして第二回世界保護司会議における「国際更生保護ボランティアの日」宣言の採択となり、本日のその報告会にも出席させていただき、大変光栄に思っておりますし、こうして皆様が実績を積み上げてこられた輝かしい軌跡を、今懐かしくしみじみ思い返しております。

さて、私がなぜ保護司の皆様とお付き合いを深めてきたか、そして、特に保護司の国際的な活動にもなぜ関わることができたのかをお話しします。

私は、日本では長年検察官をしており、日本でのキャリアとしては最後まで検察官という身分を保持していました。検察官の仕事を通じて、保護観察の法的意味合いや保護司の活躍などの概要は知っておりましたが、保護司の皆様の人間像にまで迫ることができたのは、私の日本でのキャリアの過程で、国連アジア極東犯罪防止研修所（アジ研）で、三度にわたり、教官、次長、所長を務める機会に恵まれたからです。アジ研で毎年開催されていた保護司国際研修の中で、実際の保護司の皆様の仕事ぶりに触れるとともに、そのご労苦の数々についてのお話もお聞きしました。また、それ故に、保護観察対象者たち、特に若い人たちと心が触れ合った瞬間、かれらの更生と社会復帰に立ち会えた瞬間の保護司の喜びも少しだけ共有できたように思います。

そんなこともあり、二〇〇二年までにアジ研国際研修を受講した保護司の皆様が中心となり、二〇〇三年の初めに保護司アジ研協力会が創設され、本日も会員の方がご参加です。そして本日は保護司アジ研協力会以外の多くの保護司の皆様も参加してくださっています。本日参加された多くの保護司の方々も、世界保護司会議が立ち上がったからこそ、こうして海外での絆づくりに参加されたものと思っています。保護局の方々の温かい指導や支援に感謝いたします。また皆様と伴走するアジ研の保護教官たちの熱い思いも追い風になったと思います。それらがうまくかみ合って、昨日の、海外では初めてとなる、第二回世界保護司会議、そして本宣言の採択に至ったということであると理解しております。

さて、今回の「国際更生保護ボランティアの日」宣言の意義について、私の思うところを少し述べたいと思います。

今我々は、否応なくグローバル化した世界の中で生きています。日本以外で起きる様々な事象、例えば戦争にしても、国境をまたぐ大きな事件にしても、ほとんどライブで時間差なく報道されます。それだけでなく、そうした事象が、日本に住んでいる人々にも、経済やら治安やらあるいは日本を取り巻く国際関係・国際政治という形で、直接・間接に大きな影響を与えることになる時代になりました。

少し言葉を変えて申し上げましょう。私は、以前は日本の検事でしたから、その際には、海外で起

赤根智子（あかね・ともこ）

国際刑事裁判所所長（President of the International Criminal Court　オランダ・ハーグ在）。東京大学法学部卒業。1982年に検事任官（横浜）後，国連アジア極東犯罪防止研修所（UNAFEI）所長，法務総合研究所所長，最高検察庁検事兼国際司法協力担当大使等を経て，2018年から国際刑事裁判所判事を務め，2024年３月から現職。保護司アジ研協力会の創設（2003年）や第１回アジア保護司会議（2015年）における東京宣言の採択などに尽力。本稿の内容は，「国際更生保護ボランティアの日」宣言報告会における講演をもとにしたもの。

きた事件で日本人が関わっていない事件については、事件そのものの重大さには胸つぶれる思いをすることもありましたが、他方では、日本とは違う国で起きているのであまり日本には関係はないと思い、対岸の火事のように眺めていました。しかし、今は違います。どことは言いませんが、今起きている大きな戦争の数々は、本当に単なる対岸の火事でしょうか。今の私の職業柄、余計に気にかかることも多いのかもしれませんが、これは、皆様方にも大いに関係してきている事柄であると思います。現に、例えば原油価格・小麦価格などへの影響、あるいは航空路の変更により欧州への渡航時間が長くなるなど、様々な影響が出てきています。

今世界で起きている戦争には、いわゆる「子供兵士」が使用されることも多いです。戦争に子供兵士を使うことは倫理的にも悪いことに間違いありませんが、国際法上も違法行為ですし、戦争犯罪の一つにもなります。その意味で、子供たちは戦争犯罪の被害者です。しかし、違った見方をすると、そうした子供たちは、兵士として働くわけですから、敵の兵士や敵方に属する市民を殺すのが仕事になり、その意味では彼らを使っている戦争犯罪者の片棒を担ぐことになります。子供兵士になるのは、貧しい家の子供たちであることが多く、戦争をしている武装グループにさらわれて子供兵士にさせられることもあれば、親が経済的理由のために敢えてそうした武装グループに子供を差し出すことによって子供を戦争に参加させる場合もあります。そして、当の子供たちはというと、仮にそうした戦争を生き抜き、何らかの理由で子供兵士の身分から抜け出せたとしても、多くはまともな教育も親の愛情もないままに大人になるわけです。そういう元子供兵士が、様々な幸運を得て、地元に戻ることができたとしても、その将来には非常に多くの困難が待っていることは想像に難くないでしょう。

また、戦争犯罪とは少し性質は異なるのですが、成長してテロリストになってしまった人の過去を見ると、子供のうちにいわゆる過激主義に染まってしまった場合も散見されます。そうしたテロリストは、仮にどこかで捕まって法の裁きを受けたとしても、その後の人生にどんな希望が見いだせるでしょうか。

こうした人たちの支援のために働く更生保護の人たちも世界にはいるようです。しかし、多くの元子供兵士、あるいは元テロリストに手を差し伸べてくれる人々は極めてまれで、また本来戻るべき場所である彼らのコミュニティからも疎外されて、そこに居場所を見いだせないことがほとんどです。なぜ、そんなことが起きるのでしょう。どうしたら、それを防ぐことができるのでしょう。もちろん、答えがすぐに見つかるほど簡単な問題ではありません。しかし、その人たちは、子供時代、あるいは若いうちに、健全に育つ機会を、あるいは改善更生の機会を、親からも、コミュニティからも、また、社会からも与えられなかった、いや奪われていた、とは言えないでしょうか。

そんなことは日本では起きていない、と言えるでしょうか。もちろん日本の状況は、戦争下にある国々、あるいは、貧富の差が顕著で、貧しい者たちが生死の境で苦しむような国とは大きく異なっています。しかし、日本においても、子供時代に恵まれない環境にいた人々、周囲から温かい愛情や十分な教育を受けられずに育つ人々が多くいるのも悲しい現実です。そうした困難にもめげずに立派な社会人に成長する人たちがほとんどだとしても、そうした人たちの中から、非行少年や犯罪者、ときには暴力的な過激主義に走り、大きな犯罪を犯してしまう人々も出現することは、皆様も十分ご存じでしょう。

では、どうしたら、そういう非行や犯罪を未然に防止し、また、犯罪を犯してしまった人々を将来に向けて更生させ、社会に再統合し、一社会人としてその責任を果たさせることができるのでしょうか。もちろん、日本においてもそれは簡単なことではありません。しかし、日本には保護司がいます。コミュニティに根差し、そうした元非行少年、あるいは元犯罪者に向き合い、寄り添いながら、その更生を助けるのが保護司の大きな役割だと思います。つまり、できる限り問題が小さいうちに、あるいはその問題行動をとる子供たちが成長してしまうまでの間に、早期に対処し、将来大きな問題に発展するのを防止していく、そうした大きな目的のための国としての活動の一翼を担うのが、保護司であると思います。言葉を変えると、保護司は、制度的な意味でも刑事司法の一環としての役割を果たすのです。それとともに、コミュニティに生きる私たち全員の、人間の尊厳や人間性（ヒューマニティ）の維持・発展のためになくてはならない人としての集団である、と思うのです。その意味で、日本に保護司制度があり、それが脈々と世代を超えて受け継がれ――もちろん、時代の流れに沿って、変革は必要でしょうが――、そしてこれからも受け継がれていくことがとても重要です。私は、心の底から、日本には保護司制度があって、それがうまく機能していることの大切さ、ありがたさを深く感じているのです。

他方で、保護司の仕事の多くは、対象者と向き合う、個別の案件に関する仕事であり、担当の保護観察官とは直接つながっているとはいえ、また各種研修などで他の保護司との接点もあるとしても、担当する対象者との向き合い方に関する日々の悩みは、自分一人で解決しなければならない場合も多々あるでしょうし、そもそも向き合おうとしない対象者をどうするべきかに呻吟する日もあるでしょう。そんな時にこそ、今回の本宣言を思い出していただき、保護司の使命や意義を再確認するとともに、保護司の仕事に誇りと自信を持っていただきたいと思うのです。

また、本宣言により、皆様は、世界にたくさんの仲間がいることを感じ、世界にいる仲間とつながることができるのではないか、と思います。皆様が今抱えている問題は、もしかすると、たった一人の対象者の問題にしかすぎないように見えるかもしれませんが、実はそうではなくて、世界にいる仲間が共通して向きあわねばならない問題かもしれないのです。言い換えると、一人の対象者を通して世界を見る、世界の仲間を通して目の前にいる一人の対象者を見る、ということになるのです。今皆様が抱えている問題は、その一人の対象者をサポートすることであると同時に、世界の同じような環境にある人々全体をサポートすることにつながるのです。大変に責任の重い仕事ではあるけれど、それだけに大変に価値のある、素晴らしい仕事だと思います。そして、そうしたことに献身的に取り組んでおられる皆様に深く敬意を表したいと思います。

皆様、本宣言を胸に、今までと同様、日本の更生保護に、そしてこれからは世界の更生保護にも、日本が誇る保護司制度のもとで働く保護司の一人として、引き続きお力をお貸しください。またそれが、日本の保護司として、世界への架け橋としての役割を果たすこととなります。それは、日本が標榜する、法による支配、あるいは法遵守の文化推進のため、日本の外交上にも重要な意義を果たすと確信しております。

本日は本当におめでとうございました。また、皆様、本当にありがとうございます。

本稿の内容は、オランダ・ハーグ市における「国際更生保護ボランティアの日」宣言報告会（二〇二四年四月一八日）での講演「宣言採択の意義」をもとに再構成したものです。

第Ⅰ部　「利他」と寄り添い

第1章　「利他」を紐解く

中島岳志

コロナ禍と「利他」

最近「利他」という問題がとても注目されるようになりました。そのきっかけとなったのがコロナ禍です。その初期の頃、マスクの着用が話題となりましたが、コロナの一つの特徴は無症状にあるということで、もしかすると自分が罹っているかもしれない、それを大切な人やご高齢の方、疾患のある方にうつしてはいけないのでマスクをしましょうということになったわけですね。つまり自分の身を守るのではなくて、他の人にうつさないためにマスクをしましょうということが議論されました。

あるいはエッセンシャルワーカーの方たち、例えば、物流の方やスーパーマーケットのレジを打っていらっしゃる方、医療関係者、ごみの収集の方、そして、保護司の皆さんもそうですね。コロナになったからといって仕事を止めるわけにはいかない、社会を動かしていくためにはこういう人たちの力がどうしても必要なんだということを、人々は身に染みて感じました。ですから、いわゆるロックダウンに近い形に日本がなった際、突然みんなが家で片付けをし始めてごみが普段の何倍も出てきてしまい、ごみ収集の方が非常にお困りだといったニュースが流れたときには、出したごみの所に「ありがとうございます」と一筆書かれる方が出てきたりしました。こういったエッセンシャルワーカーや医療関係者の人たちに感謝の念を示すという出来事がありました。

さらに、ライブハウスなどが、クラスターが起きて問題視され、経営危機に陥ると、こういう所を支えないといけないという運動が起きてくるようになりました。若い世代の人たちを中心に、クラウドファンディング、インターネット上の寄付が多く集まりました。これらを通して、「利他とは何か」ということへの関心がコロナ禍の下で世界的に広まったと言えるでしょう。

東京工業大学・未来の人類研究センター

二〇二〇（令和二）年の二月、私が勤務している東京工業大学に「未来の人類研究センター」を創りました。東京工業大学は珍しい大学でして、人文系の文学部などの学部は要らないというふうに言われたりする昨今ですが、その真逆をいき、人文系の答えのない問題こそが実は重要なんだということを戦後一貫して主張し、教養教育に力を注いできました。私は文系教員として政治学を担当していますが、人文系を中心に他のメンバーと立ち上げた「未来の人類研究センター」の中で、最初のプロジェクトとして始めた「利他プロジェクト」のリーダーを仰せつかりました。二〇二〇年二月というのはまさにコロナ禍の始まりで、豪華客船の中での対応に追われていた頃ですが、実はコロナ禍を前提に「利他」の問題を考えたわけではなかったんですね。研究センターを立ち上げるのに一、二年はかかっていますから、その前から「利他」という問題がこれからキーワードになるだろうということを考えまして、センターを立ち上げた次第です。

自己責任論と小さな政府

私自身がなぜ政治学者として「利他」の問題を考えるようになったかと言いますと、新自由主義という問題です。新自由主義化していく世界に対して政治はどうあるべきかというのが、この二〇年間我々世代の政治学者にとっては最大の問題であったわけです。その大きなきっかけがやはり小泉構造改革です。自己責任論と小さな政府という概念が前面に押し出されてきた。構造改革、官から民へ、規制緩和ですね。いろいろな指標をとると日本はＯＥＣＤ諸国と比較して租税負担率も低いですし、ＧＤＰに占める国家歳出の割合も低い、公務員も少ない。どう考えても小さすぎる政府に位置付けられる中で、いろいろなものがすり減っていっている。福祉も、学校教育も。科学技術の世界でもどんどん国際的な地位を下げていっている。

このような中で自己責任論というのが非常に強くなり、生活保護バッシングなどさまざまなことが

中島岳志（なかじま・たけし）

東京工業大学リベラルアーツ研究教育院教授（執筆時。東京工業大学は，2024年10月１日に東京医科歯科大学と統合し「東京科学大学」となった）。京都大学大学院アジア・アフリカ地域研究科博士課程修了（博士（地域研究））。南アジア地域研究，近代日本政治思想が専門で，『中村屋のボース』（白水社，2005年）（第５回大佛次郎論壇賞など受賞），『思いがけず利他』（ミシマ社，2021年）など著書多数。

起きてきたわけです。私はこの自己責任論に基づいた人間観に承服しかねるものがあり、どうしても無理があるのではないかと考えています。

「利他」と「利己」

さて、「利他」と聞くと、「みんないい人になりましょう」「いいことをやりましょう」のようなある種の倫理的な運動と見なされがちですが、私はここから切り離さないと「利他」の本質には行き着かないと考えています。

まず「利他」の反対語は「利己」、エゴイズムとか自分勝手ということになるわけですが、果たして本当に「利他」と「利己」は対の反対概念なのかというと、なかなか難しいですね。

ボランティアを熱心にされている方を見ると、なんと利他的な人なんだとまず私たちは思うわけです。しかしその人がその行為を行うに当たっての動機付けとして、「これをやったら褒められるんじゃないか」「これをやったら名誉が得られるんじゃないか」あるいは「何らかの所属の世界における利益というものが、これをやることによって得られるんじゃないか」という下心のようなもの、例えば、大学ですとこれをやれば就職活動に有利になるんじゃないか、高校生ですとこれをやるとAO入試に有利に働くんじゃないかとか、そういうものを垣間見てしまうと、利他的な素晴らしい人だとちょっと思えなくなるわけですね。名誉とか褒められたいとかのためにやっているのかというふうに見て、むしろその行為にあざとさが目立ち、利己的なやつだというような評価になってしまったりするわけですね。

ですから、「利他」と「利己」はきれいに切り離すことができるものではなくて、むしろメビウスの輪のように、どこからどこまでが「利他」でどこからどこまでが「利己」なのかが分かりにくい状態としてつながった形である。「利他」を考える際にはまずはこういうことを持っておかないといけないと思うわけです。

頭木弘樹『食べることと出すこと』

「利他」を考える際に非常に面白いエピソードが、頭木弘樹さんという人が書かれた『食べることと出すこと』（二〇二〇年、医学書院）という本の中に紹介されています。頭木さんはいろんな文学を紹介されている方です。

頭木さんは潰瘍性大腸炎で食べられないものがある。あるとき仕事の打ち合わせで相手から案内されたお店に行かれたそうです。そうすると、お薦めの料理というものが既に注文されていて、これおいしいですよというふうに勧められたと。しかしその中には食べることができないものがあった。潰瘍性大腸炎ですから、食べると結構大変なことになってしまうというものがあるわけで、相手も頭木さんの難病を熟知されている方だった。こういう場面です。

「すみません。これはちょっと無理ですよ。食べれないんですよ」と頭木さんが返事すると、一度は相手の方も「ああ、そうですか。それは残念です」というふうに引き下がってくれたものの、しばらくするとお酒でも回っていたんじゃないかと思いますが、また同じものを勧めてこられて、「少しぐらいは大丈夫じゃないですか」と言われたそうです。それでも手を付けずにいると、周りの人までが、「これおいしいですよ」とか、「ちょっとだけ食べておけばいいじゃないですか」というふうに言い始めたりする。

こうなってくると、自分にとってはこの場は恐怖の場面でしかなかったと。これを食べてしまうと、病院に行って大変なことになってしまう。場合によっては命に関わることがあるかもしれない。

いろいろ向こうの方はよかれと思っているわけですね。おいしいものを頭木さんに食べさせてあげたいっていう、そういうような思いでこれを勧めていらっしゃるわけですが、頭木さんにとってこれは恐怖の場面でしかなかったと。おいしいものを食べさせたいという利他的な押し付けというのは、頭木さんにとっては恐怖でしかない。

勧めてきた人の場合、これは「利他」と「利己」のメビウスの輪ですね。最初はおいしいものを食べさせたいと思っていたわけですが、相手にこれを拒絶されると、なんで私の好意を受け入れてくれないのかというふうになってきて、どんどん利己的なものがせり出してくるという、正にメビウスの輪的な場面がこういうふうに現れてきたんじゃないかというふうに思ったりします。

コントロールではなく「沿う」こと

いくら相手のことを思った行為であったとしても、相手を自分の思いどおりにコントロールしようとすると、どうしても利己的な行為になってしまうという問題があるんじゃないか。相手に自分の思うようにありがとうと言わせたいとか、感謝されたいとか、こういう思いを持ってしまうと、相手を制御する、統御する、コントロールするという問題がどうしても前面に出てきてしまう。こうなってしまうと「利他」ではなくて、かなり「利己」的な側面が出てきてしまうんじゃないか。むしろ「利他」は、コントロールしようとした瞬間に逃げていく存在だと見たほうがいいんじゃないか。

「利他」の瞬間が生まれるとするならば、相手に対して、統御するのではなくて「沿う」ことが、行為としては重要ではないかと考えています。

「NHKのど自慢」の伴奏

その一場面が、「NHKのど自慢」なんですね。二〇二三（令和五）年四月から「NHKのど自慢」が大きく変わりまして、私が言うような状況ではなくなったんですが。つまりカラオケに変わったんですね。なので、今は少し違うんで、少し前の「NHKのど自慢」の話を思い浮かべていただきたいと思います。この「NHKのど自慢」の主人公というか、番組で一番重要な存在はもちろん出てこられる素人の方なんですが、この番組を非常に魅力的な形として成立させてきたのは、バックミュージシャンの人たちであるというふうに考えてきました。生演奏をされていたんですね。

時々イントロを守らないご高齢の方などが出てこられます。イントロの途中で思い余って歌い始めてしまう方。しかも結構キーが外れていたりとか、テンポも全然違ったりする。緊張もされていると思いますし、生演奏というのもまず初めてですからね。そうした時に「NHKのど自慢」のバックミュージシャンはどういうふうにするかというと、コントロールしようとしないんですね。歌い始めちゃったらそこを追っ掛けるんですね。見事なもんだなと思います。キーがずれていても、キーがずれていますよというような演奏はしないんです。ずれていたらそのキーに合わせて演奏していくんですね。こういうのを即座にちゃんとやっていくもんですから、歌っている方は結構気持ちよくなってくるわけですね。

歌って面白いもので、一分ぐらい歌っていると、その人の人間味や人柄が見えてくる。なかなかいい鐘は鳴らないんですが、いい鐘が鳴らなくても万感の拍手っていうんですかね、会場がうわっと盛り上がって一分間歌うだけでこの人の何かというのが見えてくるもんですから、感動して涙を流していらっしゃる方とかも出てきたりするのが、この番組の面白いところです。

「利他」が成立するのは受け手の潜在能力（ポテンシャル）が引き出されたとき

バックミュージシャンの人たちは、この人を自分たちの型の中にはめて、これが正しい歌い方ですよというふうにせずに、その人の在り方にうまく「沿う」ことによって、この人が持っている人間の重要な部分を引き出すという行為をしているのではないかというふうに思うわけです。

つまり私がここで考えたいのは、受け手の側の潜在的に持っている力、ポテンシャルがうまくこちら側の行為によって引き出されたときにこそ、「利他」という行為がようやく成立するのではないかということです。押し付けがましさみたいなものをどういうふうにそこから削いでいくかというのが重要な問題になってくる。

「利他」は受け取られることで起動する

もう一つ普遍的な命題だと思うのは、「利他」というのは、どうしても何かを人に与えることだ、何かをしてあげることだ、と捉えがちですが、それは違うというのが頭木さんの例から見えてくることですね。重要なのは、頭木さんに対して「これ、おいしいですよ」と言った人は、確かに利他的な行為をしているように見えますが、それは頭木さんにとって迷惑な行為なわけです。それが「おいしいですね」と受け入れられると初めてそこに「利他」が成立するわけです。

ここで重要なのは、与え手によって「利他」は成立しないということです。それが「ありがたい」

というふうに受け取られたときに初めて「利他」が成立するので、「利他」において重要な主体は受け手なんですね。受け手の側がそれをどういうふうに受け取るかということが実は非常に重要です。

これがありがた迷惑という問題です。ボランティアをやってもらっても、そんなことやってほしくないんだっていう場合があるわけですよね。つまり「利他」は与え手の意思に還元されないということで、これは非常に重要な点です。このことについて深く言及しているのがマルセル・モースという人で、一〇〇年前に書かれた『贈与論』という本があります。

「利他」の時制：「あの時の一言」

「利他」について考えるとき、保護司の皆さんにとっても重要ではないかと思うのは、「利他」には時制という問題があるということです。

自分の恥ずかしい体験を少しお話ししますと、私、中学一年生になって最初にけんかをしちゃったんですね。どういうけんかをしたのかというと、野球部に入りたかったもんですから、野球部の見学に行ったんです。一年生が入ってくると、中学校で一番調子に乗るのは二年生なんですね。二年生は一個下のやつが入ってくるもんですから、いろいろやってくるわけです。一年生で見学にきた僕をいじってくるわけですね。その時、なんかよく分からないプロレスの技とかをかけられたんですね。当時「聖闘士星矢」（車田正美による青少年向けの格闘漫画）というのが流行っていたんですが、僕自身はそれを見ていなかったのでよく分からなかったんですが、その技というのをかけてくるんですよ。「やめてください」と言っていたんですが、それでもしつこくやってくるので、僕は短気だったんですね、「やめろと言ってるだろ」とか言って相手の胸ぐらをつかんで思いっ切り殴ったんですね。周りによると、そこから私は馬乗りになってさらに殴り続けようとしていたそうで、そこを羽交い締めにされてみんなに止められたんですね、「もうやめろ」って言われて。

　そうしたら担任の先生が飛んで来て、私はものすごい勢いで叱責されたんですね、みんなの前で。めちゃくちゃ怒られたんですが、私は自分は悪くないと思っていたんですね、正当防衛だと。やめろと言っているのに相手がやってくるというふうに。気も強かったので、それで謝りもしなかったんですね。

　そうしたら先生が「ちょっと来い」って言って、一対一で個室に連れていかれました。ここで思いっ切りぶん殴られたりするのかなと思ったのですが、この先生は偉い方で、私にこう言ったんです。「中島君。中島君の言い分は分かる。けれどどんな言い分があっても暴力によって解決してはならない」と。「君には妙な正義感が空回りするところがある。だから、しっかりと物事を相手に対して言葉で伝えて、理知的に相手を説得する力、そういう知性を君は持たないといけない。でないと危なっかしい。勉強しろ。野球部なんか入らずに、親に言って塾にでも行かせてもらえ」と。「おまえはバランスが悪い」って言うんですね。勉強しなさいって言うわけですよ。

　その方は社会科の先生で、歴史クラブという部員がゼロの部に入ったらいいじゃないかって言って、私は突然そこの部長にされたんです。それはありがたかったんですが、それで私は野球部に入れなかったんですね。家に帰って親に一応けんかしたことを話して、「先生に『運動部に入るな、塾にでも行け』と言われた」と言うと、親はさすがに息子が勉強する気にでもなったんだと勘違いして塾に行かせてくれました。地元の塾に行くと能力別に三クラスあって、私はびりのクラスだったんですね。そこから受験勉強をある程度するようになり、大学に行って研究者の道を歩むようになりました。それから十数年後、私はインドにいたんですね。研究調査をしながら三年間ぐらいインドで住んだんですが、そこでヒンドゥー・ナショナリズムといわれる、ヒンドゥー教の過激派原理主義の問題を取り扱うために、ヒンドゥー教のアーシュラム（道場）に入って、そこで日常生活を共にしながら、右派政治というものがどういうふうに拡張するのかといった研究をしていました。

体がインドに合ったのか、私はインドが大好きでして、インドで非常に楽しく過ごしていたんですね。あるとき暇なもんですから、考えたんです。なんで自分はこのインドという世界に導かれていくことになったのかと。いろいろ考えた結果、この先生にぶつかったんですね。そうかと。あの時あの先生が野球部に入るなと、おまえは勉強しろと、バランスが悪いと、ちゃんと知性を持って相手を説得できるような人間にならんといかんと。こう言ってくれたから、僕自身は塾に行って勉強して、大学に行って、という道を歩んだんだなと。ありがたいなと初めて思ったんですね。

それまではそんなことを思ったこともなかったんです。あの時は怒られて「くそ」と思っていたんですが、振り返ってみると「ありがたいな」と思ったわけですね。日本に帰ったら先生にお礼をしに行かないといけないと思って、日本に帰ったときに先生を探したんですが、定年間際の先生でしたからもう七〇代になってらっしゃって、お亡くなりになっていたんですね。ですから私はこの先生にはお礼を申し上げることはできていないんですが、これは「あの時の一言」がという、よくある話だと思うんですね。

つまり、私は中学一年生のときに先生から言われた言葉をその場では受け取ることができなかったんですね。受け取り損ねているわけです。しかし潜在的にその言葉というものが私の中に残っていて、そして一五年ぐらいしてようやく私はその言葉を本当の意味で受け取ることができたわけです。私は一五年後にようやくこの言葉を受け取った。その受け取った瞬間にその言葉を発した先生は「利他」の主体としてここで浮上してきたということですね。ここに時制の問題が出てくるわけです。

「弔い」と「利他」

「利他」というものは、与え手にとっては未来からやって来るものなんですね。その行為がなされたときにおいては、その言葉がどうなるかということは分からない。それが本当の意味で相手に受け取られる瞬間はいつやってくるかは分からない。受け取られないかもしれない。なので、発信者にとっては、「利他」は未来から自分にやって来るものなんです。

反対に、受け手にとっては、これは過去からやって来るものです。つまり受け取ることで「利他」が立ち上がるのですね。とすると、何でもかんでも受け取らないといけないのかっていうふうに思いがちなんですが、そうではなくて、重要なポイントは、私たちは既に受け取っているということなんです。私たちは既に多くのものを受け取っていて、その時にそれを「利他」とは理解していないということが多くあるんじゃないかと思います。例えば、太陽や大地の恵みだってそうですよね。私たちは毎日太陽にありがたいなどと意識していませんよね。しかし、あらゆる人間を超えた力からの一方的な贈与というものによって、私たちの生っていうのは成り立っているわけです。

よく考えてみると、この建物だって多くの人たちが汗水垂らして建ててくれた。その過去から与えられた環境において私たちはこういうような場を設定できていると。そうすると、亡くなった人たちに思いを馳せる「弔い」というものも、私は「利他」を起動させる重要な要因なんだと思うんですね。重要なことは、私たちは既に受け取っている。この受け取っているものに対してありがたいというふうに再帰的にそれを受け取り直したときに、「利他」の循環というものが始まっていくという構造が、実はこの「利他」というものの非常に重要なところではないかと思います。

与格という文法

このことを考えていくと、人間観の問題にどうしてもぶつからざるを得ないんですね。また少しインドのお話をしたいんですが、私はインドで調査するために、ヒンディー語という言語を勉強しました。北インドで五億人ぐらいが話している言語なんですが、これを学んで向こうで使っていました。

ヒンディー語の勉強で必ず初学者がぶつかってしまう問題があります。主格と与格の違い、区別がヒンディー語にはあるんですね。主格は私たちにとって分かりやすくて、「私は」で始まるものです。「私は東京工業大学の教員です」とか、「私は今日電車に乗ってやって来ました」とか、「私は」や「私が」で始まるのが主格です。

ヒンディー語にはもう一つ重要な文法として与格というものがあるんです。日本語にすると、「私に」で始める文法というのが与格というものです。例えば、「私はうれしい」という言い方は、ヒンディー語では「私にうれしさがとどまっている」という言い方をするんですね。「私はあなたを愛している」というのも、「私に愛がやって来てとどまっている」という言い方をします。勉強したときに結構ロマンチックな言い方をするなと思ったんですね。私はあなたのことを好きになろうと思って好きになったんじゃない。もうどうしようもない。あなたへの愛が私にやって来てとどまっている。もうどうしようもないんだ、この気持ちは、っていう、これが愛だというわけですね。

昔ヒット曲で「愛して愛して愛しちゃったのよ」という曲があったんです。私が生まれる前の曲ですが、この「愛しちゃった」というのが重要で、「愛した」というのと「愛しちゃった」は違いますよね。「愛しちゃった」というのはどうしようもないわけです。私の意思を超えてその人のことが好きになってしまった、駄目な恋なのにやってしまったという、「ちゃった」ですね。これが重要な与格的なものということです。

宇多田ヒカルさんの「Automatic」という曲が売れましたが、あなたが隣にいるだけでどきどきが止まらない、「It's automatic」と歌うわけですね。これもある種の与格的なものですね。どきどきしたくてどきどきしているわけじゃないんです。あなたがここにいるだけで私はどきどきしてしまうわけですね。そういうものの構造がこの愛というものに表れた与格構造で、私があなたを愛しているんじゃなくて、私に愛がやって来てるんだっていう、そういう言い方をヒンディー語ではするんですね。

他にも「コロナになっちゃった」とか、「風邪をひいちゃった」というのも与格を使うんです。どういうふうに文法で習うのかというと、言語学者は難しい言い方をします。「行為が意思の外部に規定されているとき、与格を用いる」と私は習いました。つまり、風邪をひこうという意思を持って風邪をひく人はいないですよね。よし、コロナになるぞ、という人もいないですよね。これは意思じゃなく、かかっちゃったっていう不可抗力ということになるわけです。つまり私の状態や行為というものが、私の意思ではなく、私の意思の外部によって規定されて、その行為や状態というのが私になっていくっていう、そういう場合には与格を使うんです。

だから感情もそうだと。悲しもうと思って悲しんでる人間がいるかってインド人は言うわけです。そうじゃなくて、悲しみというのは私にやってくるものであると、こういうのが与格のあり方なんです。

言葉はどこからやってくるのか？

面白かったのは、インドで調査をするときに、いきなりヒンディー語で話し始めるとちょっと警戒される時というのがあるんです。インドはイギリスに植民地支配されていましたから、かなり英語が通じる。外国人が来ると英語で話してくるというのは普段でもよくある光景ですが、いきなり日本人がヒンディー語をしゃべると、ちょっと怪しまれたりすることがありますから、私も最初は英語で始めて、五分ぐらいしてからぱっとヒンディー語に切り替えるという技を身に付けたんですね。そのほうが実は相手が私に興味を持ってくれるんです。

英語で話していると、向こうも母語ではないですから、ちょっと緊張感のある会話になるんですね。両方とも外国語をしゃべっているので。それがぱっとヒンディー語に切り替えた瞬間、「君、ヒンディー語できるの？　どこでヒンディー語を勉強したの？　誰から勉強したの？」と私に興味を持ってくれるんですね。そうすると結構調査がうまくいくという、悪知恵というかテクニックを身に付けたんです。この時の「ヒンディー語できるの？」を直訳すると、「あなたにヒンディー語がやって来てとどまっているのか」っていう聞き方をするんですね。このことが何回かあったときに、なぜここで与格を使うのかということについて、結構真剣に考えたんですね。

そもそも与格とはどういう構造を持った人間観なのかを考えたときに、こう思ったんです。私に言葉がやって来るという感覚ですが、インドの人たちには、悲しみや愛やいろいろなものが私にやって来るのだとしたら、私というのは何か一つの器のようなもので、そこにいろいろなものがやって来る、そういう存在であると。では、愛や悲しみや言葉や、いろいろなものが、どこからやって来るのかといったときに、インドの人たちは神からやって来るというふうに考えている。自分を超えた存在のところから私のところに何かがやって来て、それがとどまっているという状態が私であるという感覚が、インド人の人間観の中に非常に強くあるんだろうと。これが与格というものであろうと思います。

実は丁寧に調べていくと、昔のインドのヒンディー語というのは、与格のゾーンがもっと広かった。しかし近代のイギリスが入ってきてから、どんどん与格のゾーンが小さくなっていって、与格でしゃべっていたものが、だんだん主格に置き換わっていったというのが、分かってきました。

人間が意思を持つ、その意思を持って様々なものを選択していく、その選択には責任が伴う、というふうに私たちは近代的な人間観として学んできたし、日本の戦後民主主義あるいは政治学というのは、丸山眞男を中心にそういった人間観に基づいた主権者を育てていくということが重視されたと思うんですが、私はこの人間観のあだ花が自己責任論だと思うんですね。

人間は全てのものに意思を持つ、意思を持って全てのものを選択していく、その選択には責任が伴う、という人間観にこそ、どこか無理があるんじゃないか。もちろん私は意思がないなんていうことを言いたいのではなくて、意思だけで人間の問題を解決できるのか、そうではないものに突き動かされるということ、私たち人間には、意思を超えた何かによって動かされることっていうのも、非常に重要なゾーンとしてあるのではないか、私たちはそこをもう一回見つめ直す必要があるんじゃないかと考えています。

柳宗悦《やなぎむねよし》の「民芸」

こういうことを非常に深く考えたのは日本哲学だと思いますが、今日は西田幾多郎の話はできませんが、柳宗悦という人はこのことをよく考えた人だと思います。柳は、芸術家が作った何かの美術品よりも、無名の人たちがずっと作ってきた、職人たちが作った日用の雑器というものの中にこそ、実は美しさというものが宿っている。これが民衆芸術としての民芸というものであると。美しく作ってやろうなんていうような意思や主体こそが、美というものの敵であると書いてあるんですね。美しく作ってやろうとする計らいこそが、そこから美しさというものを遠ざけていくと。むしろそういうような意思とかを超えたところに美しさはやって来るんですね。

使い手のことだけを想って作っていく、その中に自ずと現れるものが美というものではないのか。だからそれを民芸とし、名もなき人たちが作ったものの中に、用の美というものが現れるということを柳宗悦は考えたわけですね。これが民芸というものです。自ずから現れる美が重要で、柳宗悦は、晩年になるにしたがって、その美というものはどこからやって来るかというと、阿弥陀さんからやって来ると。人間を超えたところからやって来る他力という力、仏の力っていうものこそがそこに美というものを現す、そういう力なんだと。人間の意思によって美なんていうものを作れると思うのは、人間の過信であり驕りであるというのが柳の考えですね。

柳さんは、その器となって、仏が私を通過したときに、そこに物の中に現れるものが美というものではないのかとおっしゃった人で、柳だけでなく西田幾多郎や、あるいは様々な人たちがこういう人間観を語ったというのが、日本の近代哲学というものの重要性なんじゃないかと思います。主格を疑うということですね。

志賀直哉「小僧の神様」

この問題と「利他」の問題について、非常に鋭いことを言っているのが志賀直哉という人です。志賀直哉が一〇〇年前に書いた「小僧の神様」という小説があります。大変短い短編ですのでぜひお読みください。

「小僧の神様」の内容はこうです。主人公がAという貴族院議員のお金持ちで、出てくるもう一人は名もなき小僧さんです。このAが、あるとき神田の辺りにいたようなんですが、大正期はまだ屋台で寿司を握ってたんですね。ぱっと出して屋台でお寿司を食うということが、まだあったそうでして。貴族院議員のAが神田の辺りを歩いていると、屋台の入り口の所でもじもじしている小僧さんがいた。どうも小僧さん、その寿司を食いたいんですね。この小僧さんは意を決して暖簾をくぐって屋台の中に入って、そこに置かれている寿司を手にしようとした。その瞬間に、この屋台の大将から、それは何銭だよというふうに金額を言われるんですね。そうすると小僧さん、そんなお金は持ってないので、恥ずかしそうに一回手に持った寿司をもう一回置いて、そして下にうつむきがちにこのお店を出ていくという場面から始まるんです。

Aはその場面を見ていてかわいそうだなと思った。今度あの小僧さんに出会ったら、小僧さんにたらふく寿司を食わしてやろうというふうに思ってその場面は終わります。1か月後ぐらいです。Aがたまたま秤屋さんに行ったところ、その小僧さんがいたんです。あのときの小僧さんじゃないかと。今日はあのときに思ったことを実現できると。小僧さんをうまく連れ出して、そして寿司屋に行ってたらふく食わしてやろうというので、彼はそれを実行に移すんですね。ちょっと小僧さんを借りていいかと。あそこまで、秤を持っていってくれというふうにして小僧さんを連れ出した後、秤はいいよと、これは私の付きの人間に運ばせるからと、ちょっとおいでって言って、近くの寿司屋に入った。寿司屋の大将にどんと大金を渡して、小僧さんが食いたいだけ食わせてやってくれっていうふうに言うわけです。そして出てくるんですね。

その後の記述なんです。Aはこれで目的を果たしたはずです。利他的な行為というのを果たしたはずです。しかし志賀直哉は、このAの中に働く複雑な気持ちというのを書くんですね。Aはこの店を出て帰る瞬間、やるべきことをやったはずなのに妙に淋しい気持ちがしたんです。

「Aは変に淋しい気がした。自分は先の日小僧の気の毒な様子を見て、心から同情した。そして、出来る事なら、こうもしてやりたいと考えていた事を今日は偶然の機会から遂行出来たのである。小僧も満足し、自分も満足していいはずだ。」

「ところが、どうだろう、この変に淋しい、いやな気持は。何故だろう。何から来るのだろう。丁度それは人知れず悪い事をした後の気持に似通っている。」

っていうふうに言います。

彼はそのことを家に帰って妻に言うんですね。こういうことがあったんだと。自分はやることをやったはずなのに、なんか変な感じがして自分の中に胸騒ぎがあるんだと言うと、妻は、分かる気がするよというふうに言ってくれるんです。一方で、この小僧さんはその人のことを神様だというふうに思い始めるという、そういう物語なんですが、それはちょっと後のところは置いておきたいと思います。

なぜAに、変に淋しい気持ちが起こったのかですね。志賀直哉はこのことを明示はしてくれてないんですが、こうだと思うんです。Aは最初の場面で、小僧さんが店に入りたがっている。ぱっと入った。何銭だよというふうに言われてあっていう顔をして、出ていこうとしたその瞬間に体が動いていたら別だと思うんです。おい、ちょっと待てよと。そのお金は私が出してやるからと。幾ら食べたいんだいというふうに言ってその場で出してやっていたら、ここで恐らくAには淋しい気持ちは起こらなかったと思うんです。

Aはここで立ち止まって考えちゃったんです。かわいそうだな。気の毒だなって。気の毒なやつがいる。今度会ったらやってあげようというふうに思ったんですね。つまりここで彼の主体というものは主格的なものだったんです。かわいそうなやつだな。哀れみの念、pityっていうものを持った。これに何とかしてやりたいという意思を持ったわけです。そしてそれを実行したら、自分の中で妙に変な気持ちがしたということなんですね。最初のときにもし与格的にぱっと体が動いて、「お金は出してやるよ」っていうふうに言っていれば、かなり違ったことになったんじゃないか、そのことを志賀直哉はここのところで言いたいんじゃないかというふうに思うんですね。

席を譲るとき

例えば、電車などで席を譲るときは考えちゃ駄目ですね。席に座っていて、前にご老人の方が来て、大変そうだって思ったときに、どうしようかな、ちょっと座ってたいな。けど自分は若いし、ここで座ってじっとしていると、あいつ若いのに座ってやがるというふうに思われるな。ここでぱっと立ったほうがいい人だというふうに思われるんだろうな、立たないとな。そうだな、立とう。どうぞと言って座席を譲ったとき、どんな感情がわいてくるか。座ってくれた後も、妙になんか私は偽善的なことをしたんじゃないか、自分が褒められたいから、これをしたんじゃないかみたいな、妙な胸騒ぎがしてしまうんですね。

これは主格的な行為になっているからですね。むしろその人が来たらぱっと「どうぞ」というふうに、何も考えずに譲るという行為が生まれていたとしたら、そんなわだかまりみたいなものは起きないんですね。自分は偽善なんじゃないかとか思わないわけです。重要なのは、ぱっと体が動いてしまう、自分の意思を超えて何かが起動してしまうといった与格的な行為の中にこそ、実は「利他」の本質が宿っているんじゃないかと思うんです。

日本の仏教者はよく考えたものでして、日本における「利他」の歴史を遡ると、最澄という人がいるんですね。比叡山延暦寺の最澄さんは「忘己利他《もうこりた》」ということを言うんですね。「忘己」というのは、「己」を「忘れる」です。これが「利他」という言葉の日本哲学の中で一番古いものなんです。

この「忘己」というのはよく勘違いをされて、滅私奉公のように理解されることがあるんですね。公のために尽くせみたいなスローガンで最澄が悪用されることがあるんですが、そうじゃなくて最澄が言っていることは、主格的な我をなくし、与格的な主体になったときにこそ、つまり菩薩心のようなものが自己の中に現れた瞬間に、それは自分の意思とかではどうにもならない何か強い力なわけですが、私の中に仏が通ったときに初めて何かが起こる、その瞬間が「忘己利他」である。「私が」の世界を捨てて、「私に」の世界が起動したときに、私が仏からの力を受け取るその器になったときにこそ、「利他」は初めて現れるんじゃないのかというのが、最澄の考えたことだと思うのです。

「思いがけず利他」

この与格という問題が非常に重要なんじゃないのかと考えて、『思いがけず利他』(二〇二一年、ミシマ社)という本を出しました。変なタイトルだねと、「ふりむけばヨコハマ」みたいだねと言われたりするんですが。「思いがけず利他」っていうのはそういうことですね。私たちはそう簡単に意思の世界において「利他」なんてできないんですよ。それをやろうとすると、そのおこがましさに苦しむことになるんですね。そのような次元のことを親鸞は「聖道の慈悲」と言っていて、そのさらに奥に「浄土の慈悲」というのがあって、それは仏の力によって促された慈悲であると言っています。

身が動く器になること

近代的な人間観が邪魔しているこの「利他」の本質というところに、私たちは何かぐっと開けていくべきすごく重要なものがあるんじゃないか。ぱっと身が動く器になっているということが、実は「利他」の本質につながっていくことになるんじゃないか。このことが今日皆さまにお話ししたかったことです。

本章のここまでの内容は、保護司みらい研究所第四回全体会（二〇二三年七月二〇日）として行った保護司みらい研究所・社会を明るくする運動共催シンポジウム「『利他』から考える保護司のみらい」における講演「利他とは何か」をもとに再構成したものです。

対　談

「利他」から考える保護司

中島岳志
宮田祐良

「利他」との出会い

宮田　私が「利他」を意識するようになったのは、十数年前の二〇〇九（平成二一）年秋の臨時国会での鳩山由紀夫さんの総理所信表明演説に遡ります。そこに障害者を雇用したチョーク工場の話が出てきます。

社長さんが言うには、施設での暮らしのほうが楽なのに、なぜ一生懸命会社へ電車に乗ってやって来て働くんだろうかと疑問が湧いたと。それに対してある住職が、「人は物や金があれば幸せになれるものじゃない。評価され感謝され必要とされることで幸せを感じるんだ」と話されたことに目を開かされて、それからずっと障害者雇用にチャレンジし続けているという話でした。

もう少し知りたいなと思って探したら、その社長さんが書かれた本がありまして、そのタイトルが『利他のすすめ』だったんですね。確か「利他」にはルビが振ってあった、これ「りた」って読むんですよって。それが最初なんです。そして、その後お会いしたある保護司さんが、「宮田さん、保護司というのは『利他』だよね」と仰った。恐らくそれより前もそういう話を聞いたことがあったと思うんですが、ようやく気付くようになったということだと思います。

総理演説は、その後アインシュタインの言葉を引いていまして、「人は他人のために存在する。何よりもまず、その人の笑顔や喜びがそのまま自分の幸せである人たちのために。そして、共感という絆で結ばれている無数にいる見知らぬ人たちのために」とあります。

さて、保護司の皆さんも、人のために何かやりたい、それは大事だよねっていうのは多分一緒の気持ちだろうと思います。その上で、中島先生は、新自由主義に向き合う上で「利他」が大事になると仰っています。なぜ今「利他」が大事なのか、逆に大事にされてないから今いろんな弊害が出ているということかもしれませんが、その点いかがでしょうか。

新自由主義と「利他」

中島　新自由主義の人間観は、近代的な主格的な人間観から来ています。人間には明確な意思、ウィルというものが存在し、そしてこの意思を持って私たちはさまざまなことを合理的に選択をしていく。

宮田祐良（みやた・ゆうりょう）

前法務省保護局長。広島大学教育学部卒業。1986年 4 月法務省入省。水戸，大阪，東京の各保護観察所長等を経て，2021年 7 月から法務省保護局長。2023年 7 月退職。

その選択をしたことについてはそれぞれ責任が伴うと。これが民主主義の主体だと教えられてきたわけですが、ここに無理があるんじゃないか。そもそも意思って何なのかということですね。

実は古代ギリシャにウィルという概念はなかったと言われています。この意思が全面化していくのが近代という現象なんですね。私は、新自由主義の大きな問題は、偶然という問題を捉えられていないことだと思っています。例えば、今、大学に一年生が入ってくると、「自分は受験勉強をして頑張ってきた。その結果として大学に入学できた。なので、これは自分の力だ。就職で自分たちが優遇されるのは当然だ、それは自分たちが頑張った成果だ」という感じの学生が多いんですね。

そこで私は、毎年一年生に対し、「皆さんは頑張ってきたと思う。しかし君たちが東工大に入ってきたのは、君たちの能力や頑張りや努力だけの問題ですか」と言い、「例えば、君たちは家に自分の勉強机があったんじゃないですか。家に帰ったら自分の部屋があったり、小学校高学年から塾に行かせてもらえて、中高一貫の学校とかそういう所に行かせてもらったんじゃないか。自分の家に机があるとか、塾に行かせてもらえたことというのは、あなたの意思や能力の問題ですか。違うでしょう。そういう家に生まれた偶然性っていう問題です」と。「それがまず皆さんの背景にはあるけれど、そういうことが実現できた環境に偶然皆さんが置かれたということをよく考えてほしい。そういう偶然性を手にできなかった人たちもいる。その人たち、すなわち他者に自分を開いていくことも皆さんにとっては重要な社会との関係性である。そこから、問題や人間観というものを考えてくれないか」という話をして、そこから九鬼周造という人の話をするんですね。

九鬼周造と偶然性

中島 京都学派の哲学者、九鬼周造の『「いき」の構造』という本が有名です。九鬼周造はドイツに渡り、ヨーロッパで一〇年間ぐらい留学をしていたんですが、ヨーロッパの近代人はこの偶然という問題に弱いということに気付いたんですね。何でもかんでも主格、意思によって決定するという人間観に基づいて哲学が成り立っているが、それは違うと。人間は根本的に偶然という問題を孕んだ存在だということが九鬼の大きなテーマでした。彼の学位論文は『偶然性の問題』のタイトルで岩波文庫になっています。九鬼は「私自身が存在している。しかしその私という存在は、私というものの根本的な要素というのはほとんど偶然というものによって支えられている」と言っています。

例えば、私は今、日本語でお話をし、日本語で物事を考えていますが、私は日本語を母語とするという選択をした覚えはないんですね。日本に産み落とされてそういう環境で育ったから、私は母語を日本語としているだけなんです。これがインドで生まれていたら、私はヒンディー語を勉強する必要もなかったわけなので、楽だったなと思いますが。そういうことで母語すら私は選べていないし、もっと言うと親を選んでいないわけですよね。その親のもとに私は偶然生まれてきたとしか言いようがないし、二一世紀に生きていることだって偶然だし、いろんな私というものの人格とか考えが、その根本はほとんどのものが偶然性、私の外部によって規定されているとしか言いようがないものであると。

そもそも九鬼周造は、生物が誕生したこと自体に偶然性というものがあると。つまりこの存在というものは根本のところで偶然という否定性を内在化させているという言い方をするんですね。つまり私はここに存在すること自体が奇跡的であって、私はいなくてもよかった存在、いなかったかもしれない存在として考えなければいけないと。

だってそうですよ。ものすごく奇跡的ですよね。自分の親が出会った奇跡。そのおじいちゃん、おばあちゃんが出会った奇跡、こうなっていくと確率論的には私はいなかった可能性の方が高いわけです。そういう否定性というものを根本のところに内在化させた私たちの存在というものは、偶然というところから問題を発信していかなければならないと。ここから近代的な人間観を疑っていったのが九鬼周造なんですね。この日本哲学の枢要の部分に私たちが立ったときに、新自由主義の問題を乗り越えることができるんじゃないか。その人であった可能性に軸を置き換えていくことですね。自分であることの偶然性を自己に突き付けていくことというのが、実は社会に私を開いていく重要なポイントではないでしょうか。

宮田 九鬼周造は実は私も大好きで、九鬼周造さんの話に引っ掛けて自分も偶然について話をすると、保護司さんがこんなことを仰いました。犯罪をした人や非行をした少年と会っていて、もしかしたら私は今、保護観察の対象となった人と面接しているけれど、反対に私が面接をされていたかもしれない。つまり私も罪を犯していたかもしれないと。

これは「私があなたじゃなくて、あなたが私じゃないのはなぜか」ということです。つまりなぜこの人が生まれたのか、それはその親が出会ったからだとか、ではなんで親が出会ったのかっていうふうにどんどん遡っていくと、確か九鬼周造さんは「原始偶然」という言い方をされていて、要は最後の最後に立ったときに本当に偶然としか言えない何かに行き着くという言い方をされていたと思います。そのときに、神様はいたずらにさいころを振ったのだろう。神様はいたずらに振っただけなので、どの目が出ようと関心がなかったけれど、たまたまその時に出た目があって、今がある。

私もこの保護司さんの問いに触れたとき、今の人間存在の偶然性というか、確か中島先生は「存在の根拠の底が抜けている」と表現されていたと思いますが、そのように感じるんじゃないかなと思うんです。それを感じるのはなぜかというと、恐らく誰も好んで生まれた人はいないので、それはそのまま誰であってもかけがえのない人であるということがまずあるからだろうと思います。それが保護司さんの原動力の一つにもなっているのではないでしょうか。

中島 仰ったとおりで、僕自身が政治学者として新自由主義とどう向き合うのか試されている世代だというふうに思うんです。政治学者なので、いろんな政策提言を考えてきました。再配分をするためにはこうした方がいいとか、税率がどうかとかを考えるのは基本的には政治学者の仕事と見なされていますので、いろんなことをしてきたわけですが、あるところから、これは哲学であり人間観の問題に踏み込まないと、いわゆる小さすぎる政府の問題というのは解消しないと思い始めたんですね。いくら政策提言をやっても、根本のところに自己責任という人間観がある以上、なかなか次の突破口が開けないと。ここを解消するためにはどうしたらいいのかといったときに、九鬼周造などの人間観の問題にどうしてもいかざるを得なかった。

例えば、私は親鸞の思想に大きな影響を受けてきたのですが、親鸞を考える際の重要な本に『歎異抄』があります。『歎異抄』は親鸞自身が書いたものじゃなくて、親鸞の門弟の唯円が記録したものですが、親鸞は「さるべき業縁のもよおせば、いかなるふるまいもすべし」（歎異抄第一三章より）と言っています。自分に業とか縁っていう、私を超えた力が働いていたら、私だって人殺しをやったかもしれないような、そんな存在なんですというふうに言うわけですね。そうしたときに親鸞は目の前にいるいろいろ悩み深き人に、私自身を投げ出して、そこに私を開いていっているんですよね。自己責任だと言って誰かを叩くとき、叩かれる側に私は立っていた可能性だって十分あるじゃないかというのが、親鸞聖人がいう人間観であって、そこから自己責任論というのを少し見直していきたいなと思っています。

「利他」を始める

宮田　もしかしたらそちら側に立っていたかもしれない、私どもの話でいうと犯罪者側に立っていたかもしれないという可能性というか、偶然性を抱きつつ、自己責任を求めるばかりでない振る舞い、いわゆる「利他」が行われるのが広まればいいなと思います。

ただ、「利他」というものは、「情けは人のためならず」といった程度の見返りすら期待しないということがあり、さらに利他的行為になるかならないかは、受け取る側がそれに気付くかどうかにかかっているということであれば、皆さん利他的行為をしましょうといったときに、では何をすればよいかということになり、理屈でいうと利他的行為をするということ自体ができないという結論が出てきそうな気がするんですが、この点どう考えたらよいでしょうか。

中島　二つの答え方ができるかなと思います。一つは、それでもやったほうがよくて、そう簡単に体なんて動かないんですよね。ボランティアをしているある方のお話では、最初はやっぱり利己的だったと言うんですよ。そこにボランティアで行ったらヒーローになれるんじゃないか、そこでカメラが回ってきていい人だと映るんじゃないか。確かにそう思ってやっていたと。しかし何回もやっていると、土砂崩れのニュースとかが出ると、何も考えずに検索をして、何日だったら行けるのかを調べ始め、切符を取っちゃってる自分がいると言うんですね。

やっぱり「利他」にも訓練が必要で、体が動くにも。僕たちはどうしても主格的な人間になっているので。私は意思を全て捨てろというわけではなくて、主格と与格が自分の中にどうしてもあるんですよね。主格のゾーンでいくと必ず「利他」は「利己」になるんですよ。それに対する合理的な見返りというもの、それには評価とかその他いろんなことがあるかもしれないですが、それを求めてしまう。プラスマイナスを考えてしまいますね。

そうじゃなくて、経験をつみ重ねているとぱっと体が動くようになるということもよくあることです。寄付やクラウドファンディングをしている人たちも、最初はそこで名前が載ることに価値があるのかなと思っていたけれど、ずっとやってると自然にポチッと押してしまっているというんですね。やっぱりつみ重ねることによって与格的な行為のところに私たちは導かれていくということがあるのではないでしょうか。

もう一つ、やっぱり既に受け取っているということへの気付きですね。これがすごく僕は重要だと思います。何かやってあげようとすると、必ず「利己」の意思に絡まれてしまうので。そうじゃなくて、もう私はいろんなものを受け取っている存在だ、贈与されているんだということに気づけたとき、一番は死者への弔いという問題だと思いますが、その気持ちが芽生えたときに、実は「利他」の循環を生み出す起点が現れてきていると思うんですね。そこから始めてみてもいいんじゃないかと私は考えています。

宮田 「Automatic」について、一つ保護司さんのエピソードがあります。私は茨城県で仕事をしていたことがあって、保護司さんで一五、六年ぐらいされた方がいて、辞められるときに、今まで保護司をやっていて一番心に残ったことについて伺うと、東日本大震災のときのエピソードをお話しされた。東日本大震災というと、どうしても東北三県がすごいことになっていましたが、実は行ってみて驚いたのは、茨城の方もすごいんですね。茨城の人ってあまり外に向かって話さないので気が付かなかったのですが、行ってみるとすごい。役所なんかもひび割れだらけで、アッシャー家で仕事をしているような状態でした。

さてその保護司さんは、東日本大震災のとき、担当していた子が仕事にようやく就いていて、多分地下で作業するような仕事だった。どかんときた時に、その対象者の命が一番気になり、その方は取る物も取り敢えずで、多分自分の家も被害が相当あったと思うんですが、すぐに訪ねていって確認すると生きていてくれて本当によかったと。これが一番の思い出ですと仰るんです。そのときは多分何も考えてなかったというとおかしいですが、取る物も取り敢えず、更生保護の世界だと、「普段着でボランティア」というような言い方をされた方もおられて、何かあったらそのときにもうすぐに体が動くというのが本当に大事なことだなというふうに思います。

「聞く」と「聞こえる」

宮田　もう一つは、主格というか、「我が我が」という世界。それが自己責任につながって、今のぎすぎすした、社会の分断だとか格差を生んでいると私は考えていますが、そうならないためには、主格を捨て与格を持つべきだという話だと思います。主格を捨てるということについて、また保護司さんのことですけど、ご紹介いたします。

保護司の方にケースをお願いすると、その人なりのやり方で接していただければいいんですが、徹底して聞くということを大事にされるんです。傾聴するという意味です。自分からこうということじゃなくて、とにかく本人の言い分をよく聞く。徹底して聞く。心を傾けて聞くことが求められているのです。そうすることによって、やっとつながってくるものがある。

だから主格を主張したのでは多分人と人がつながる妨げにはなっても、交流だとか連帯に行き着かないんじゃないかなと思っています。その上でご紹介したいのは、主格、私を捨てるという意味で、近江聖人といわれた中江藤樹の「五事を正す」というのがあります。五事というのは「貌、言、視、聴、思」です。「貌」というのは顔です。

保護司さんがケースを担当されるとき、徹底して傾聴することが求められるわけなんですが、同時に「貌、言、視、聴、思」を実践されるんですね。穏やかな顔付きで、優しい受け入れられやすい言葉を使って、慈愛のまなざしで、またよく聞いて、そして相手の心を思いやるということを、五事を正すというのですが、実は大阪で勤務していたときに驚かされたのですが、守口地区の保護司会が、保護司信条とともに「五事を正す」が書かれたカードまで作られて、常に携帯しておられました。保護司さんは五事を通して、主格の、極端な「我が我が」という主張が保護司活動の妨げになることを既に自覚されていたのかなという気がしています。

中島 今仰った中で私が考えてきたことと重なるのが、「聞く」という問題なんですね。親鸞は「聞法」といって、法を聞く、聞くということは非常に重要だと言っているんですが、聞くということの先に聞こえてくるという問題があると思っているんですね。「聞く」はまだ主格なんですよ。自己が残っているんですね。

息子が幼稚園に行っていたときに、幼稚園で「かえるのうた」を習ってきて、家に帰って大声で歌ってたんですね。「かえるの歌が聞こえてくるよ」という歌を歌っていたときに、何というすごい歌詞なんだと思ったんですよ。カエルの歌が聞こえてくるよというのは、まずカエルは歌ってないですよね。カエルのゲロゲロというその声なわけです。これがまず歌となって私に聞こえてくるという、そういう歌なんですね。これ一段階先に行っているんですよ。

単にカエルの鳴き声がしているね、ではなくて、それが歌となって私に迫ってくるというのがもう一段先の聞くという行為なのだと思います。これは人間と動物とかの隔たりがなくなって自然の音などが声や歌となって聞こえてくるという次元ですよね。職人さんとかがよく言うんですよね、岩の声が聞こえるとか、あるいは木の声を聞けとか。そんなことを言ったりする人たちは、何かスピリチュアルな話をしてるんじゃなくて、本当に自然と対話をしながら仕事をしているんですよね。なので、カエルの声というものが歌となって聞こえてくるという、語り得ないものが聞こえてくることの中に、非常に重要な意味があると思うんです。

保護司をされていると、いろんな傷をもつ人たちを目の前にするわけですね。そこにはやはり語り得ないものがあるはずですね。ただ聞くのではなくて、その人が語っていないことまでも表情やいろんなものから聞こえてくるという段階が、恐らく保護司の皆さんが経験をされてきたことではないかと思います。その次元の「聞くこと」というのが、私たち人間にとってとても重要な意味を持っているのではないか。その能力を開くというのが恐らく保護司さんの仕事、あるいは福祉の持ってる仕事なんじゃないのかなと思います。

宮田　「かえるのうた」ではないですが、見えないものがちゃんと見えないといけないんだろうなと受け止めました。聞こえないものもちゃんと聞こえないといけないのかなと。そういう意味では器という話になるのかもしれませんが、入ってくるものがちゃんと収められるだけの器を持っているかどうか。自己責任論にはその隙間はないということだと思います。

生かされて生きていく

宮田　中島先生が仰られたように、保護観察対象者は傷を持っているというか、生きづらさを抱えていて、その中でもがき苦しんでいる姿を保護司さんは見ているわけです。その現場に居合わせたことの不思議議にまず驚くということが大事で、そこに「利他」が立ち上がるのかなと思います。あるいは先ほども言いましたが、自分も罪を犯していたかもしれないという問いですね。それはある意味では人の巡り合わせの不思議、これにも驚く。それが今の私が私によって私の意思で、少なくともそれだけで築かれたものではないということ。つまり言い換えると「生かされている」ということだと思います。「生かされている」というのは実は更生保護の精神なんですが、その自覚、そこからまた「利他」が立ち上がってくるのかなと思います。

「利他」というもの、今私たちが生きている意味というものが、未来からやって来るという、すごく魅力的な言い方を教えていただきました。そして、「利他」が、明るい社会、明るい未来のために「社会を明るくする運動」を地域、地域で担って頑張っておられる保護司の皆さんの原動力になっていることをあらためて感じました。

中島　そうですね。本当にその人でなかったことの可能性、かつその人と出会ったことが私自身を変えていくというのが、縁だと思うんですね。仏教でゴータマ・シッダールタが言ったことで非常に重要なのは、ヒンドゥー教に対する批判です。ヒンドゥー教には、最後の最後にアートマンという否定できない「我」、「真実体としての我」というものがある。ブラフマンという宇宙全体と「我」が合一の存在であるというのが、「梵我一如《ぼんがいちにょ》」という考え方であると。

それに対して、ブッダは、そんな「私」というものがあるのか、最後の最後に変わり得ないようなそんな真なる「私」なんて存在するのか、むしろそんな「私」があるというふうに思っていることが「我執」というもの、「私」というものの苦しみなんじゃないのか、と考察し、いや、そうじゃないということで、「五蘊《ごうん》」ということを考えたんですね。色、受、想、行、識という五つの五蘊というのが結合体として「私」という現象をつくっていると。五蘊というものは縁というものによってどんどん動いていく。今日誰かと会った、あるいは一枚の絵画を見たということで、この五蘊、ぐらぐらと動くと、一〇分前の「私」と一〇分後の「私」は少し違っていたりする。しかし現象としては「私」という動的平衡を保っている。これが仏教の考えた「私」という現象なんですね。

「私」は変わらないいんじゃないいんです。「私」は目の前にいる人によって、その縁によってどんどん変化をしていく存在としてあり続けるということですね。それは保護司の皆さんも同じではないでしょうか。それが「他者に開かれる」ということだと思います。

宮田　「五蘊皆空《ごうんかいくう》」ですね。

中島　それと、原動力という問題が出ましたが、保護司の皆さんのやりがいや動機付けは、自分の人生の実現とか、エンパワーメントの相互性みたいなものがあると思うんですね。他者に対して何か貢献することによって私の生が生き生きする。自分自身もエンパワーされるという相互性によって、私の人生というものをもう一度、地縁と会社とは別のところでつかみ直していくという、そういう動機付けがあると思うんです。こういう生き方の調達というか、これが重要になってくるのではないでしょうか。

保護司の仕事は、私にとっては、大学で学生を指導することとすごく似ているところがあると思っています。私自身が学生をコントロールしようとすると絶対駄目なんですよ。私の学説に従わせようというふうにすると絶対に駄目なんですね。反発されると思うんです。そうではなくて、学生に対してはやっぱり「沿う」ことが重要です。その人がどういうことに関心を持ち、どういうことを考えたいのかということにうまく沿いながら、その中からポテンシャルが引き出されたとき、その人は勝手に伸びていくんですね。だから常に「NHKのど自慢」の後ろのバックミュージシャンのように、私は学生には接したいなというふうに思っています。

同じような心持ちが保護司さんの中にもあるんじゃないかというふうに、お話を伺っていて思いました。

本章の対談パートの内容は、保護司みらい研究所第四回全体会（二〇二三年七月二〇日）として行った保護司みらい研究所・社会を明るくする運動共催シンポジウム「『利他』から考える保護司のみらい」における対談企画をもとに再構成したものです。

随想

保護司のこころ

小林聖仁

保護司との出会い

私が保護司を拝命したのは一九七九（昭和五四）年五月、三六歳の時でした。小学校の教諭を定年後に保護司を務めていた近所に住む前任者から「後任として保護司を引き受けてくれないか」と言われ、少し考えさせてと言ったものの、その後近所に住む市教育長から強い勧めを受け、保護司を引き受けてしまいました。父親が住職を務めながら保護司活動をしていたので、何とかなるかなと軽い気持ちで引き受けたのかもしれません。

当時の地区内保護司会の保護司の皆さんは、年齢も皆さん上で、しかも元学校の先生や医師、会社や商店の社長さん方でした。女性保護司もそれらの令夫人の方々で立派な方ばかりでした。そして、これらの方々が自分の仕事のほかに保護司を長く務めている姿に驚き、尊敬の念を抱いたのを今も憶えています。

私は一九四三（昭和一八）年に、福島県白河市の小さな寺の次男として生を受けました。亡父も兄も保護司を務めていました。戦中戦後の寺の生活は厳しく、食糧不足でいつも腹を空かしていたのを想い出します。この頃は人々の心身もかなり疲れていて、先行きの不安はかなり大きかった時代だったと思います。そんな中でも、接する人の心には温かさがあり、励まし支え合う人情味があったように思います。このような時代に、父母は七人の子どもと三人の弟子、父の老師僧や老母も抱え、懸命に生きてきました。その頃、時折粗末な食事を一緒にしていた知らない大人や子どもたちが保護観察対象者だったと知ったのは後々のことでした。

その頃の父が居合わせた者に決まって、「人は自然や多くの人々のおかげで生かされて生きていることを忘れるなよ」「何になってもいいが、世の中の役に立つ人間になれよ」と私たち子どもにも言って聞かせていたのを憶えています。そのようなことも想い出したので、保護司を引き受けたのかもしれません。父が保護司をしていたことは知っていましたが、保護司は何をすればよいかはよく知りませんでした。そんな中で保護司になって、先輩保護司のようにやってその後ろをついていけばよいのかなと思ってやっていたわけです。その後、保護司活動こそ僧侶の務めでもあると自覚するようになりました。

小林聖仁（こばやし・しょうじん）

更生保護法人全国保護司連盟顧問，真言宗智山派大僧正，元保護司。更生保護関係諸団体などで数々の要職を歴任。現在は全国各地の関係団体，学校，公民館などで保護司活動，心の在り方や生き方などについて講演や執筆活動を続けている。

保護司の活動

二〇〇四（平成一六）年頃より、過去に保護観察を受けた者や保護観察中の者が起こす重大犯罪が増加傾向にありました。そんな中で、二〇〇五（平成一七）年に始まった「更生保護を考える有職者会議」が、野沢太三前全国保護司連盟理事長の座長の下で進められていたのですが、戦後間もなく施行された「犯罪者予防更生法」「執行猶予者保護観察法」についても大いに議論され、これらの法律を整理統合して、二〇〇八（平成二〇）年に更生保護法が施行されました。この新法には、再犯防止、対象者への遵守事項の強化、少年の保護者への指導、犯罪被害者への配慮などが盛り込まれていました。この頃は経済不況、政治の混迷に加えて自己中心の価値観、地域の連帯感、家庭教育力の低下や人間関係の希薄化など、保護観察対象者が更生するには大変厳しい社会環境ではなかったかと思います。

私自身も当時、多くの対象者を担当しましたが、私の力不足によると思いますが、保護観察期間に良好解除となった対象者は多くはありませんでした。本人の規範意識の低下や、家族の無理解、絆の薄さを感じながら、処遇困難な対象者の対応に苦労している同僚保護司も多くいたように思います。そんな中で、二〇一一（平成二三）年三月、「保護司制度の基盤整備に関する検討会」が設けられました。私も委員の一人でしたが、私自身も欠員保護司の補充、保護司会の活動費の捻出などに苦労していた頃です。一九九九（平成一一）年に保護司法の一部改正があり、地区保護司会が法定組織になりました。これにより、保護司も犯罪・非行予防活動に活発に取り組み、〝社会を明るくする運動〟などで街頭にも出るようになりました。このことにより保護司活動が市民に少しずつ知られるようになり、保護司の任務の多さや苦労も理解されるようになってきました。

保護司が対象者を担当して苦労するのは、就職です。私が担当した幾人かの対象者も就職で苦労しました。対象者のほとんどは就労意欲が低く、自ら職を探すでもなく、ハローワークに一緒に通ったり、本人の希望を聞きながら事業所に直接頼みに行って面接に立ち会っても、なかなかうまくいきませんでした。結局のところ以前にも迷惑をかけた私の知り合いに頼むことになってしまいます。「今度は頑張る」と言った数日後には、事業主から「K君が出勤してこなくなった」と電話がかかってきます。このようなことは当時の殆どの保護司が経験していたことです。事業主にお願いしたり謝ったりの繰り返しでした。しかし、無職でいれば生活面から再犯にもつながるし、とにかく粘り強く二、三日のアルバイト探しをしたり、悪戦苦闘が続いていました。

私が岡谷地区保護司会[1]の会長に就任して二、三年目の頃、近所に何人かの協力雇用主がいました。その後、他の保護司さんに聞いたところ、市内に二〇数社の協力者がいることがわかりました。その雇用主さんから「自分が雇っている人への対応が良いのかどうか、他の雇用主さんにも聞いてみたい」との声があり、情報交換の場づくりの必要性を感じ、組織化を図りました。それが「岡谷地区更生保護協力雇用主会」です。保護司でもあった雇用主さんを中心に会員拡大に努めましたが、大変な苦労がありました。

会員拡張のための訪問先では「犯罪や非行をした者を雇う余裕はない」と断られました。それでも、必ず雇わなくとも保護司活動に協力してほしい旨を説いて歩き回りました。保護司の皆さんも個々の知り合いに声をかけてくださり、第一回総会では九二社の会員が賛同してくれました。「今は雇うことができないが、何か協力できることがあれば」と積極的に声をかけてくださる雇用主さんもいて、保護司にとって誠に心強く感じました。これらの善意に応えるためにも、対象者の改善更生と再犯防止にいっそう努めたいと強く思ったものでした。

お寺の住職を務めながらの保護司でしたが、対象者の処遇活動は真面目に務めていました。しかし、保護司会の研修や行事には欠席がちでしたから、たぶん不真面目な保護司だと思われたかもしれません。

保護司としてのやりがい

そんな新任保護司に対して先輩保護司には優しく親切に接していただいたのを今も憶えています。新任保護司にとって頼りになるのは先輩保護司やOB保護司の存在です。OB保護司の皆さんは長年にわたり保護司活動の中で失敗も喜びも経験してきた方々です。私もそうでしたが、失敗例が圧倒的に多かったです。対象者に嘘をつかれたり騙されたり、特に裏切られて再犯を止められなかったときは、自分を責めるしかなく悲しくつらかったです。そんな時には先輩保護司やOB保護司の一言に救われました。「私だってそんなことはしょっちゅうなんだよ」。保護司も職歴や人生経験が様々なように、対象者も生い立ちや家庭環境・交友関係など様々な事情の中で生きてきたわけです。新任保護司も対象者も不安で一杯です。保護司に就任してすぐに立派に務められる人はいません。対象者の心の奥にある心情・感情を汲み取れるようになるまでには、長年の経験と先輩保護司やOB保護司のアドバイスも必要です。とにかく保護司は、経験を積み重ねてこそいろいろなケースに対応することができるようになります。そういう意味でも、年に三、四回ある定例研修会の機会に、ほんの少しの時間を保護司間の話し合いの場にしてはどうかと考えます。保護司としての基礎知識や中央からの情報の伝達は保護観察官が担当し、長年の経験や体験談を先輩保護司やOB保護司から学ぶことで少しずつ自信をつけられればよいと思います。今まで保護司を続けてきてそんなように思ったところです。

この世のものは、すべて縁あって生かされて生きています。このことに気づくと「いのちの尊さ」が分かり、自分のいのちを大切に生きる生き方ができるようになります。「いのちを大切に生きる生き方」とは、「生きがい」や「やりがい」を持って日々を暮らし続けられることではないでしょうか。私が保護司活動を四四年間務められたのも、保護司活動を「やりがい」として続けたからだと思っています。「なんでそこまでやれるのと聞かれることもありましたが、長年やっていると、それがやりがいから生きがいに変わっていくんですね。不思議なものです。先ほどお話しした「人のためになる生き方をしろ」という父の言葉がようやく分かってきました。

保護司として大切にしてきたこと

人間は、自然の恵みや、自分の知らないところで懸命に働いている人々の「おかげ」で生活しています。私たちが今まで「あたりまえ」だとしてきた日常生活は、先人の苦労や努力の「おかげ」です。「あたりまえ」は有難いことだったのです。コロナ禍の中で、このことに気づいた人も多くいると思います。保護司活動の中で、気づかされたり、教えられたりすることが多くありました。保護司も人間ですから、対象者に対しての接し方にもそれぞれ違いがあります。しかし、共通しているのが慈愛の籠った心と言動です。対象者の更生を信じ続ける信念です。その対象者が更生の道を歩み始めたときの喜びは、言葉では言い表すことができません。保護司は「他人の喜びを、我が喜び」として活動しています。このことは、保護司であろうとなかろうと、人間として大切なことだと思っています。

保護司会との関わり

私が保護司を拝命した当時は、保護司会の中では最も若い保護司でした。その頃の保護観察事件は少年の対象者が多く、いつも一人で複数の対象者を担当していました。私も四人を担当したことがありました。一九九九（平成一一）年に地区会長に就任した年度に、〝社会を明るくする運動〟の公開ケース研究会を、関係者のみでなく一般市民にも参加してもらったらと提案したところ、大先輩から、そんな派手なことをする必要はないと言われました。どちらかというと、それまでは、対象者宅への訪問は、そっと夜に訪ねたり、隠れるようにして保護観察をしていました。ただ同年の保護司法改正から、保護司はもっと犯罪予防活動に力を入れなさいということになったので、私も保護司活動が一般市民に知られなければ協力も得られないのではないかと思い、この公開ケース研究会を、関係者だけでなく一般市民にも参加してもらって理解してもらおうと思い提案したんです。そうすると多くの保護司が賛同してくれて、この公開ケース研究会が文字通り市民参加の研究会になりました。要するに、保護司会は行動を共にすることで結束が固まるんだと思いました。ややもすると保護司会の運営は役員だけで動いてしまうということがあるんですが、そうなると保護司さんたちは役員に任せておけばよいとなってしまいます。それぞれが各自の活動を尊重しつつも、できるだけ活動を一緒にすることで効果も上がり、関係も深まることになるのだと思います。

地域との関わり

学校訪問をすると、以前は「うちの学校には非行問題はない」と、保護司を近づけない空気がありましたが、最近は学校の方から保護司に助言を求めたりするようになりました。これは〝社会を明るくする運動〟の作文コンテストなどで保護司が学校に行き来するようになり、保護司活動が少しずつ理解されるようになったからかもしれません。私も長野県保護司会連合会の会長に就いた頃から、学校の校長会や警察官の研修に呼ばれたりして講演活動を続けています。警察署長から、「うちの警察官たちに保護司が具体的にどんな活動を、どんな気持ちでやっているのか話してもらいたい」と要請があって、警察官の研修に行ったものでした。そうしているうちに、ロータリークラブや高齢者学級などからも声がかかりました。高齢者学級につながった背景には、常々犯罪や非行をした人を立ち直らせることだけが保護司の仕事ではなくて、そういう人たちを生まない社会づくり、人と人とが支え合って心豊かに生きられるまちづくりこそ更生保護活動であるという気持ちで行動してきたので、ついそのような話をしているうちに声がかかってきたというわけです。

やはり保護司は平素から地域の人々との関わりが大切だと思います。地域住民に保護司活動に対する協力を求めるには、今申し上げたように、保護司は犯罪や非行を犯した人たちの立ち直りの支援ばかりでなく、安心・安全な地域づくり活動や、人と人とが支え合って心豊かに生きられるまちづくりをしている人たちだと知ってもらうことが必要だと思います。保護司会も保護司も、これらの意識を強く持って地域との関わりを大切にすべきだと思っています。

保護司をめぐる状況の変化

コロナ禍が続く中で、私たちの社会生活も大きく変わってしまいました。人との対面での交流がなくなり、孤独な思いをしている人が増えているように思います。特に高齢者や身体の不自由な人々、若い親たちも子育ての情報を同世代から得られずに悩んでいます。保護司会もそうです。リモートでの研修や会議では味気のないものになりがちです。対象者との面接でも何か落ち着かない状況で、信頼関係を築きあう雰囲気にはなかなかなれません。特に心配なのが新任の保護司さんたちです。保護観察事件数が減り、対象者を持たず不安な思いでいるのだと思います。

そんな中でも新任保護司研修を開いて苦労話や喜びを話して、新任保護司を励ましている保護司会もあります。また、部会単位の少人数で集まり、情報交換をしたり保護司活動を工夫している保護司さんたちもいます。こんな時にこそ保護司会幹部は保護司の使命の重要さを伝え、意識を高め合う工夫をすべきと思います。やれることをやる工夫が必要です。

次世代の保護司に期待する

前々から思っていたことですが、世の中の大きな変化期の中で更生保護活動を進めるには、若い力が必要です。それには非行少年の立ち直り支援などを行う青年ボランティアであるＢＢＳ（Big Brothers and Sisters）会員の拡大や育成、地域の青年会議所など若い世代に更生保護活動に参加を働きかけることが必要です。私が住む岡谷市でも岡谷ＢＢＳ会が活動しています。この岡谷ＢＢＳ会は、私が岡谷地区の保護司会長に就任した頃は会員数が数名の組織でした。この頃は全国的にＢＢＳ会員が減少傾向にありました。あるときに、会員二人が訪ねてきて、「会員が高齢化して会長の引き受け手もない、会員の増員も難しく解散したい」と申し出てきました。私は「しばらく待ってください、保護司会が会員増強に協力しますから」と無責任な返事をしてしまったわけですが、その後、保護司会の役員会に諮り全面的に協力することにしました。会員募集のチラシをつくり、成人式や若い人たちが集まる行事の会場入口で入会の呼びかけをしたりしました。しかし、残念ながら一人も応えてくれませんでした。そこで、更生保護女性会の皆さんに応援をお願いしました。保護司と更生保護女性会員がペアになり、若い人がいる家に家庭訪問して勧誘に努めました。たまたま以前に保護司を務めていた人の家を訪ねたところ、その奥様が御子息を呼んでくれて、事情を話すと快く入会の約束をしていただけました。そこから彼の友人・知人への呼びかけで、たちまち会員が増え、解散の危機を回避することができました。二〇〇二（平成一四）年四月に新しい会員一〇名で再スタートした岡谷BBS会は、親睦を図りながら、更生保護活動の意義や目指すべき方向の研鑽を積んで成長してきました。二〇〇六（平成一八）年度には、関東地方BBS連盟の会員研修でホストとして立派にその役目を果たすようにもなりました。このことがきっかけとなり、会員も三〇名を超えるまでになり、岡谷市の更生保護活動の一翼を担うまでに成長しています。会員増強に協力してくれた更生保護女性会の皆さんとも距離が縮まり、長野県保護観察協会の賛助会員募集に多大な協力をいただくようになりました。協力雇用主の皆様も積極的に保護司活動を応援してくださっています。更生保護関係団体の活動は、一つの目的に向かって共に行動するときいっそうの結びつきが強固になることを実感しています。今後は関係団体のみならず、行政、教育、福祉、医療関係者等や市民の皆様からも協力を得て、若い世代にも保護司活動の輪を拡げてゆきたいと思っています。

新しいBBS会員の中から、保護司になった人が三人います。そのうちの二人は市議会議員になり、副議長（後に議長）を務めた人もおります。もう一人は、かつて不良グループのトップだった人ですが、その後更生して、今や会社を三つも起こす社長になり、地域の青年会議所の理事長に就いて、「今までいろいろな人に迷惑をかけてきたので、今度は社会に恩返しをしたい」とBBS会に入会し頑張っています。そういう人もいますから、これからは若い人たちの更生保護活動への参加をどういうふうに進めたらいいかと考えています。
私はそれ以来、ＢＢＳの会合にはできるだけ出席するようにし、ＢＢＳ会の皆さんとできるだけ行動を共にして、いろんな施設に出向いたり、餅つき会や親睦会にも参加するようにしています。そんなふうにこれからはＢＢＳ会の育成ということが更生保護の活動の中では大切になると思っております。

本稿の内容は、保護司みらい研究所第一回全体会（二〇二二年一二月一七日）における講演「保護司として、そしてこれから」をもとに再構成したものです。

注

（1）岡谷地区保護司会は、教育委員会に働き掛けミニ集会を全市的な活動に発展させるなど、犯罪予防活動の一層の充実を図った功績が認められ、二〇〇二（平成一四）年九月一〇日、第四回瀬戸山賞を受賞した。

第2章　こころのケアとは何か——寄り添いと世間知

東畑開人

寄り添えないことに悩むことが、寄り添うことである

今回のテーマは「寄り添い」ですが、僕は寄り添うという言葉があまり得意ではありません。よく雑誌とか新聞とかでインタビューを受けたりするときに、「日々、患者さんの心に寄り添っておられる心理士の何々先生」みたいな感じで紹介されますが、寄り添ってますとか言ったら、クライアントの方にすごく怒られる感じがあるんですよね。「お前、あまり寄り添ってないだろ」みたいな。これはもしかしたら保護司の方々も感じておられるんじゃないかなと思うんですけど、寄り添いというときれいな言葉ですし、もしかしたら寄り添っているのかもしれないけれど、自分の体験としては、寄り添えないことの方が日々の臨床活動の中心にあるなという感じがするわけです。そう考えた場合に、寄り添いとは何かというので、この「寄り添えないことに悩むこと」が「寄り添うこと」であるということを、今日の一番大きなメッセージにしていこうかなと思っています。

実際、そうですよね。寄り添えてないな、なんで寄り添えないんだろうと考えてるときこそ寄り添ってるというか、その人のことをすごく考えているわけで、これが何か心というものを扱うときの逆説ですよね。よく分かってると思っているときには寄り添えてないというか、気付くとおかしなこ

とが始まっているというのは、皆さんご経験のことじゃないかなと思うわけです。

医療人類学

簡単に自己紹介しますと、臨床心理士と公認心理師をしていまして、専門分野は臨床心理学で、医療人類学という学問を僕のもう一つのサブメジャーにしています。医療人類学というのは人類学の医療版で、全世界の歴史上のいろんな「治療」とか「ケア」について比較をすることで、「治療」とか「ケア」とは何だろうかということを考える学問です。

僕は、一時期沖縄に住んでいて、精神科クリニックで仕事をしていたんです。沖縄って、シャーマニズムが今でも結構ある場所なんですよね。「ユタ」って聞いたことがありますか。沖縄の呪術師というといけないんですけど、シャーマンです。沖縄のクリニックで仕事をしていると、普通にそういうシャーマニズムの人が、患者さんとして「睡眠薬くれ」とかってやってくるんですよね。あと精神科デイケアといって、統合失調症とか躁鬱病の患者さんが一日を過ごすところで働いていたんですけど、そこのメンバーが、昼休みになると「ちょっとユタのところに行ってくるわ」と言って消えていくんです。だから僕、すごく面白いなと思ったんですよ。つまり、シャーマニズムというものと医療というものが同時に存在していて、患者さんはそれを自分の好きなように使って、自分のメンタルヘルスを維持しようとしている。だから、東京でシャーマニズムというと、ぎょっとしちゃうんだけど、沖縄にいると、日常風景にそういうリアリティーがあるんですよね。

そういうところで仕事をしている中で、一体この霊的な治療と、心理的な治療あるいは医学的な治療と、どこが同じでどこが違うのだろうかみたいなことに非常に関心を持つようになりまして、それでこの医療人類学というものを勉強したわけです。今日もちょっとその話が出てくると思います。最初、京都の大学へ行っていたので、京都でスクールカウンセラーとか教育相談所の相談員として働いていました。不登校のお子さんとか親御さんが来るのが教育相談所ですね。その後、沖縄の精神科クリニックに行って仕事をし、今は東京で開業のカウンセリングをしています。

寄り添い

本題に入っていくんですが、寄り添うという言葉を、さっきも言ったとおりあまり使いたくない感じが何となくしていて、何ていうのかな、ちょっと実感と違うところがあるんですね。日々のカウンセリングとか、あるいは精神科デイケアでの居場所型支援とかの仕事でも、寄り添うという感じよりは、一緒にいていろいろな摩擦が起きて、時に対峙し、そして修復を試みるみたいなことの連続が、

東畑開人（とうはた・かいと）

白金高輪カウンセリングルーム心理士。京都大学大学院教育学研究科博士後期課程修了（博士（教育学））。臨床心理学・精神分析・医療人類学が専門で，『居るのはつらいよ――ケアとセラピーについての覚書』（医学書院，2019年）（第19回大佛次郎論壇賞など受賞），『聞く技術　聞いてもらう技術』（筑摩書房，2022年），『ふつうの相談』（金剛出版，2023年）など著書多数。

心の「ケア」の仕事だなという実感があります。

もちろん、摩擦が起きないときもあるんです。摩擦が起きないときは、寄り添っているという感じじゃなくて、普通に日々が進行してるという感じなんですよね。で、それはとってもいいことなのです。それが時々うまくいかなくなっていろんな問題が発生し、時にけんかになり、そしてなんでこんなことになっちゃったんだろうと考えて、もう一回理解し直すことによって、また平常に復して日常が流れていくみたいな。そういうことが、心の「ケア」のどの仕事も、心理士の仕事に限らず、学校の先生だって多分そうだと思うし、それこそ保護司の方の仕事もそうなんじゃないかなというふうに思うわけです。

そう思うと、「ケア」における寄り添いの問題とは何かというと、寄り添えなくなるときの問題だと思うんです。寄り添えているときって、別に寄り添いって言葉もいらないというか、ただ一緒にいるだけなんですよ。寄り添えなくなるとき、何なんだろうと僕らは頭を悩ます。こういうときにどう考えたらいいんだろうか、あるいは、一体何が起きてるんだろうかということが今日のテーマです。

そのために二つの補助線を引いてみて、皆さんもご自分の経験などを踏まえながら考えていただけたらと思います。

一つが医療人類学のヘルス・ケア・システムという理論の補助線で、もう一つが「ケア」と「セラピー」という補助線です。

ヘルス・ケア・システム

ヘルス・ケア・システムとは何かというと、医療人類学で一番有名なアーサー・クラインマンという人が考えた理論です。この人は確か一九七〇年代に台湾でフィールドワークをしてるんですね。その頃の台湾は結構面白いところで、近代医学自体は既にもちろん台湾の中にもあるんですが、同じぐらいの勢いで東洋医学の力があるんです。そして、沖縄と一緒でシャーマニズムも結構盛んなんですね。今でも台湾へ行くと、結構占いの場所とかがありますし、寺院とかに行くと、タンキーといってちょっと神がかったりしながら治療を行っている、そういう人たちがいるんです。

余談ですけど、僕は旅行に行くと、必ずシャーマンを探しに行くんです。シャーマンをどうやって探すかというので、一番いい方法は、一日タクシーを借りることなんです。日本語をしゃべれる現地のタクシー運転手に一日お願いして、いろいろ観光に連れてってもらう、その途中で時々「シャーマンいるんですかね」とか言って。済州島とかでもそれをやったんですけど、済州島にはポサルというシャーマンがいて、菩薩からきてるらしいんですね。で、「ポサルっているんですかね」とか言うんですよ。そうしたら、朝の段階では「いや、知らん」と言われますけど、一日回って仲良くなってくると、「ポサルいるんでしょ」と言うと、「実はいる」と言うんです。「明日連れてってやる」って。皆さんもシャーマンを探すならタクシーが一番です。

そういういろんな治療文化、いろんな心の、心に限らず治療が入り乱れてる場所で、クラインマンはフィールドワークを行い、その社会で生きている人々の「ケア」というものが三つのセクターからできているんだ、社会の中に三つのセクターがあり、場所があり、それらの「ケア」を自由自在に使いながら、人々は自分の健康を追求しているんだということを理論化していきました。それをヘルス・ケア・システムというふうに言います。つまり健康を「ケア」するためのシステムですね。

それには三つあり、分かりやすいものからいくと、一つは専門職セクター。これはその社会で公認

地域のヘルス・ケア・システムの内部構造

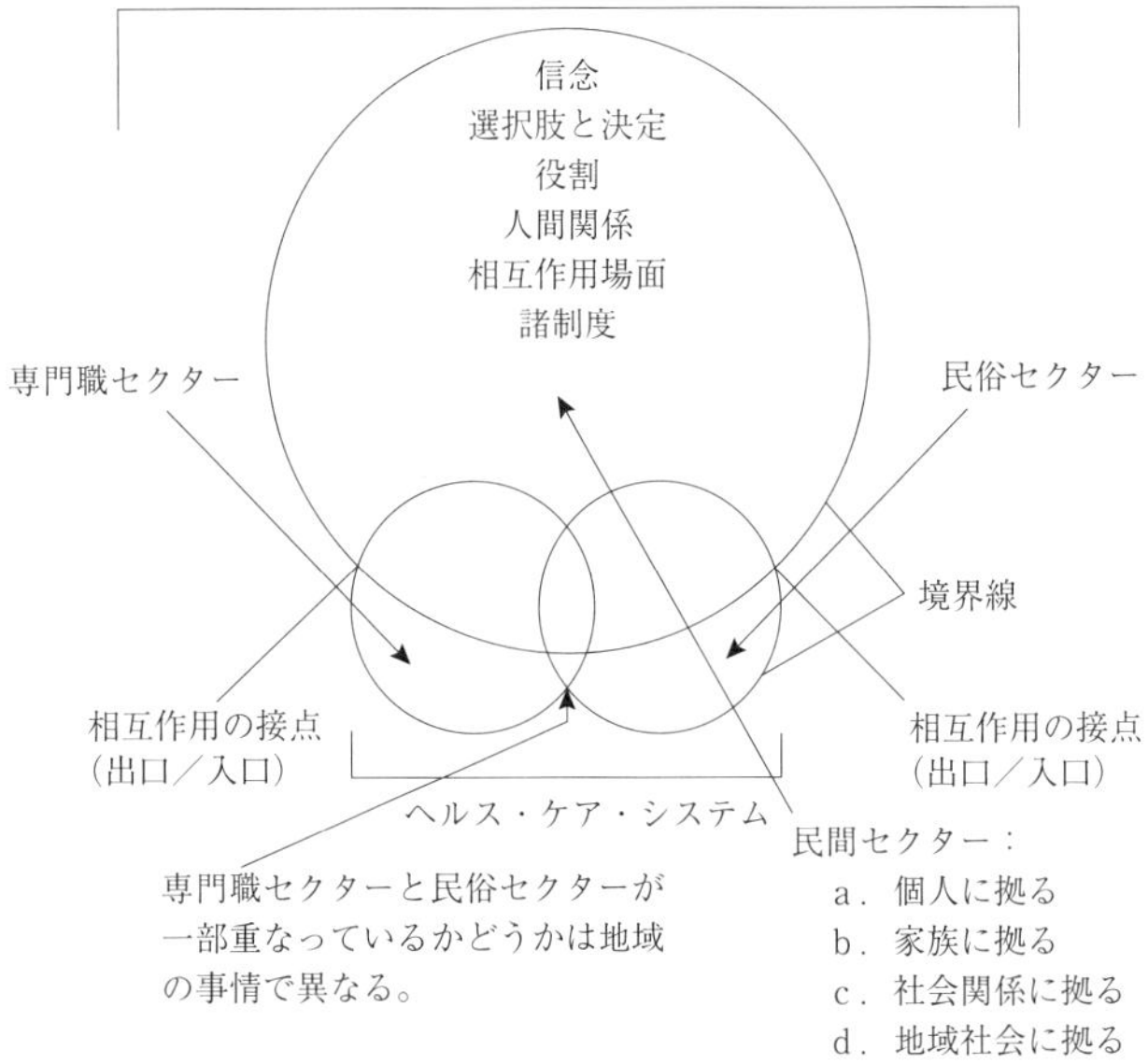

アーサー・クラインマン著/大橋英寿ほか訳『臨床人類学――文化のなかの病者と治療者』1992年, 弘文堂, 30頁より。

のオフィシャルな治療者たちのことです。日本でいうとお医者さんですね、何よりも。医療、医学というものが、近代国家の非常に基本的な「ケア」を担う場所としてあると思います。今でも大体、お医者さんの診断というのはオフィシャルな力を持ちますよね。心理士も、権力はないですが、公認心理師という名前が付いたように、オフィシャルな専門職になっています。看護師もそうだし、薬剤師もそうですよね。基本的には近代医学の治療者たちが、専門職セクターというところに入っています。ただ、これは近代だけではなく、例えば古代インドであれば、アーユルベーダというのが公認の専門職セクターだったし、日本でも平安時代は陰陽師ですね。陰陽寮というのがあって、陰陽師が公務員、それこそ官僚だったわけです。何かあったらお祓いだとか、遷都だとかしてたわけなんです。そういうふうに時代と社会によって、何が専門職セクターに含まれるかは変わってくる。

これに対して、民俗セクターというのは、非オフィシャルな、オルタナティブな治療者たちのことで、例えば、沖縄だったらユタ、済州島だったらポサル、台湾だったらタンキー、あるいは占い師やアロマセラピストもそうだし、あと健康食品も、そうかもしれない。

例えば、お医者さんは少年院とか刑務所の中でも仕事ができるけど、占い師はしにくいんですよね。学校で問題が起きたときに、臨床心理士や公認心理師とか、精神科医が来ることはあっても、やっぱりシャーマンを呼んで治療したら、国家予算でそれをしていいのかみたいな話になっちゃう。これが民俗セクターと専門職セクターの違いですね。いずれにせよ、社会にはいろんな専門職の治療者がいて、その中にはオフィシャルな治療者とオルタナティブな治療者がいるんです。

でも、クラインマンの一番大きな発見は、民間セクターです。図をご覧いただくと分かると思うんですけど、専門職セクターと民俗セクターは小さくて、一番大きいのが民間セクターなんです。民間セクターが社会の中で一番大きいというふうに言ってるわけですね。じゃあ、民間セクターとは何かというと、自分自身で自分のことを「ケア」する、あるいは、自分の周りの人に「ケア」してもらう。専門家のところに行かずに、セルフケアやピアサポートで「ケア」を賄う領域のことを民間セクターというふうに言います。

皆さんも、例えば風邪をひいたときとかに、最初から病院へ行くわけじゃなくて、まず自分で体温計で熱を測りますよね。これは自分で自分の診断をしているわけです。ちょっと熱が高いと、ちょっと寝とこうかなと思いますよね。これも自分で自分に対する処方をして「ケア」をしている。そうすると家族が、じゃあおいしいもん作ってあげるよ、おかゆやおじやを作ってあげるよ、栄養のつくもの作ってあげるよ、とか言って「ケア」してくれる。職場に電話したら、じゃあ代わりに仕事やっとくよと言って、職場の人が「ケア」してくれる。こういう身の回りの人との普通の人間関係の中での「ケア」のことを、民間セクターというふうに言うわけです。

だから、臨床心理士とか精神科医とかをやっていると、心の「ケア」って、なにか特別なテクニックとか理論とかメソッドとかがあって、それで専門家が治療してるという気持ちになるんですけど、実際には、例えば不登校の子どもの面接をしていても、本当に「ケア」しているのは親なんですよね。だから、心理士の仕事は、子どもに何かするというよりかは、それもするんですけど、親御さんに子どものことを説明して、どういうふうに接したら傷つけちゃうのか、どういうふうに接したらサポートできるのかみたいなことを教えてあげて、あるいは親御さんの相談に乗ることによって、家の中の民間セクターでの「ケア」を再起動するということなのです。これがないとどうにもならない。だから、スクールカウンセラーの仕事も、実は結構大きな割合が保護者面接と担任面接なんです。担任の相談を受けるコンサルテーションみたいなことも、民間セクターの「ケア」の再起動につながります。

民間セクターの熟知性と世間知

では、民間セクターの「ケア」が一体何によってなされているのかということを、ここで「熟知性」と「世間知」という言葉で、ちょっと語ってみようと思います。この「熟知性」という言葉は、中井久夫という非常に有名な精神科医が書いた『治療文化論』（一九九〇年、岩波書店）という本に出てきます。家族とか友人とか同僚による「ケア」、だから保護司の方々の「ケア」というのも、多分ここに含まれると思うのですが、地域の人々の「ケア」。それは決して、専門家が専門的な理論に則ってやるんじゃなくて、素人が素人同士で「ケア」し合う世界です。そこでの「ケア」の最も重要な要素が「熟知性」というふうに中井久夫は呼んでいます。

「熟知性」とは何かというと、よく知ってることとか、よく分かっていること。例えば、僕は新刊本が出た直後って精神的に不安定になります。インターネットで自分の名前を検索して、文句を言われてないかとか、褒められてないかとかをハイエナのように探してるんですが、そういうことをやっていると調子が悪くなるわけです。例えば、同業者から批判とかされてると、「ムキッ」てくるわけですよ。それをスクリーンショットとかで撮って友達にLINEとかで送って、こんなこと言われているとか言うと、友達がなぐさめてくれる。これで元気出るわけですね。これは何なのかというと、僕の友人は結構付き合いが長いから、僕がどういう人なのかをよく分かっているわけです。だからなぐさめておけば、東畑さんは取りあえず納得して、大ごとにはならないだろうとか。それは今までの経緯によって、よく僕のことを知っている。こういうのを「熟知性」と言います。

だから、これは非常に重要な概念だと思っていて、民間セクターの、恐らく皆さんが自分のプライベートな関係性の中で「ケア」したりされたりというのは、よく知ってることによってなされているはずなんです。うちの子はこういう子である、褒めると調子に乗るからちょっと抑え目にいこうとか。これ、別に理論もなにも関係ないですよね。よく知ってるんですよ、子どものことを。あるいは親御さんとの付き合いとかもそういう感じです。だから、心の「ケア」ってどういうふうにやればいいんですかって、いろんなところで質問を受けたりするんですが、特別なテクニックとかがあるわけではなくて、その人のことをよく分かっていれば、何をしてあげたらサポートになるかということは、大体一般常識の中で処方が出てくる。

問題は分からなくなっちゃうときなんですね。つまり「熟知性」が失われたとき。例えば一番分かりやすいのは、よく知ってると思っていたうちの子どもが、ある朝から突然学校に行かなくなる。起きてこなくなり、起こそうとすると、おなかが痛いと言い、それでもなにか言えば言うほど、おなかはどんどん痛くなるし、怒鳴り返してきたりする。子どものことが分からなくなってしまうわけです。不登校になり立ての時の親御さんのつらいのは、今まで知ってたはずの子どもが全然分からない、エイリアンのようになってしまうということなんです。こういうときに、お母さんとかお父さんは、いろんな専門家のところにやってくるということが起きるわけです。

もう一つ、「世間知」というものが、この民間セクターでの「ケア」に役立っています。「熟知性」に加えて、「世間知」に基づいていろんな介入をする。「世間知」という言葉は、哲学者のカントが使った言葉で、カントってすごく小難しい本を書いてるイメージがあるじゃないですか。『純粋理性批判』とか。それと別に彼は『人間学』という本を書いているんです。べらぼうに面白い本で、例えば飲み会で盛り上がるにはどうしたらいいかが書いてあるんですよ。だから、一方で『純粋理性批判』、『判断力批判』とか、そういう非常にアカデミックな哲学書があるんだけど、こういうものは大学の中で行われる「アカデミアの知」であるというふうに言っているんですね。だけど、哲学者というのは、ただこのアカデミアの知だけがあればいいんじゃなくて、大学を出た後にいろんな社会に触れて、その社会の中で「知」というものがどういうふうに役に立つのか、その社会の中で蠢いている知を学んでいかなきゃいけないんだっていうふうに言っていて。だから「学校知」に対する「世間知」という対立なんですね、カントの場合は。何ていうか、企業のサラリーマンの「知」みたいなやつですよね。取締役とかになる人って、すごい人間理解の深い人が多いじゃないですか。あれは組織の中で生き抜いてきただけの「知」があるわけで、こういうのが「世間知」ですね。

この「世間知」の正体というのは、世間とか社会というものの中で生きるには、どうしたらいいんだろうか。どういうことをすると世間で生きづらくなってしまい、どういうふうにしているとそれなりに無事に生きていけるんだろうか、ということについての「知」の集積です。

ただし、「世間知」が難しいのは、例えば、法務省の「世間知」とベンチャー企業の「世間知」って、だいぶ違ったりするわけです。「世間知」には複数ある。臨床心理士業界での「世間知」と、兜町での「世間知」は違うとか。「世間知」というものが一枚岩になってしまって、自分の「世間知」が人にも当てはまると思ったときにハラスメントが起きるということです。会社の中とか組織の中でも、年長世代と下の世代との間で「世間知」がちょっと違ったりするわけですよね。つまり、定年まで勤め上げてて、そういうライフコースを前提にしているときの会社での振る舞い方の「世間知」と、転職が自明である世代の組織での生き延び方の「世間知」は、やはりだいぶ違ったりする。そうすると、飲み会に来るかどうかみたいなことへの感覚も、やっぱりずれてくる。この「世間知」のずれが摩擦を起こすときに、時にハラスメントと言われたり、傷つきが発生してしまう。だから、「世間知」というのが、うまく生きていくための、何ていうか、処方としてとても役立つものでもあるんだけれど、時に暴力にもなってしまうという、この表裏があるんですね。

民間セクターでの「ケア」というのは、「熟知性」、よく知っていることと、この社会でどういうふうに振る舞うと生きやすいのかみたいなことについての「世間知」と、この二つを軸にして行われているという話です。

そして、先ほども申し上げたとおり、時々これがうまくいかなくなってしまう。子どもがある日、学校に行かなくなる。信頼していた部下が自分のことをものすごく憎んでいたことが発覚する。あるいは、上司が突然鬱になってしまう。分からなくなっちゃうわけですね。こういうときに、専門職セクター、民俗セクターのところへと人々は訪れ、例えば親御さんはスクールカウンセラーと相談して、この子は今鬱になっていて、それでおなかが痛い、身体症状として表れているんだということを理解する。そして心の「ケア」を再起動することができるという、こういう構図になっていると思うわけです。クラインマンはヘルス・ケア・システム理論の中で「ケア」の一般理論みたいなものを打ち立てているんですね。だからこれを、保護司の世界であれ、矯正の世界であれ、「ケア」というものがどういうふうになされているのか、必要となっている「ケア」はどこでやられているのかということを考える、一個の補助線にしてもらえたらと思うわけです。

ケアとセラピー

じゃあ、ここまで「ケア」「ケア」と言ってきたわけなんですが、何が「ケア」になるのかというのを、次にお話ししたいと思います。

「ケア」と「セラピー」という補助線を、もう一本入れてみたいと思います。心の援助とか対人支援あるいは人間関係には、「ケア」という関わり方と「セラピー」という関わり方の二種類があると思われます。それは常にある葛藤でもある。例えば、子どもがおなかが痛いと朝言っている。それでも遅刻してでも学校に頑張って行かせたほうがいいか、今日は休ませたほうがいいかというふうに、みんな悩むわけじゃないですか。あるいは保護司の方だったら相手が自分のところにやってこないと。そういうとき電話をかけたほうがいいのか、ちょっと待ってみるのかとか。常に僕らは人と関わるときに葛藤する。この葛藤は「ケア」と「セラピー」という、二つの原理、プリンシプルの中で悩んでいるのではないかというふうに、補助線を引いてみたいと思います。

さまざまな人間関係でこの二つが入り交じっていて、心理士とクライエントの間でもそうだし、学校の先生と生徒の間の関わりでも、「ケア」的な関わりもあれば、「セラピー」的な関わりのときもある。親子でもあるいは保護司と保護観察されている人との間でもそうかもしれません。そういうふうに当てはめて考えてもらえたらと思います。こういうことを詳しく書いてあるのが、私の『居るのはつらいよ』という本です。

ケア

じゃあ、「ケア」とは何でしょう。「ケア」的な関わりとは何か。「ケア」するって、いろんなところで使われているんですが、結構ふんわりした言葉だと思うんです。これを僕なりに考えてみると、「ケア」とは傷つけないことである、というふうに言えるのではないでしょうか。傷つけないという と、非常に消極的な関わりに見えるかもしれませんが、そうではなくて。例えば、じゃあもう人間関係を持たなければいいじゃんみたいに、触れないようにしておけば「ケア」なの？というふうに思うかもしれませんが、そうではなくて。例えば、雪だるまを「ケア」するにはどうしたらいいか、雪だるまを傷つけないためにはどうしたらいいだろうか、ということを考えると、雪だるまって放っておくと溶けちゃうんですよね。どんどん傷ついてしまう。雪だるまを「ケア」するためには、のべつくまなしに氷を運んできてあげ、冷風を浴びせ掛けてあげないといけない。だから、傷つけないために、めちゃくちゃいろんなことがなされないといけないということですね。これを、一番最近の潮流でいうと、例えば、身体障害者の方で、車いすを使っておられる方を傷つけないためには、なにもしなかったら傷ついてしまうことがあるわけですよ。だから、エレベーターを設置したりとか、階段になっているところをスロープにしたりとか、そういうふうに積極的に関わらないと傷つけてしまう。「ケア」とはそういう積極的なことを含んだ、傷つけないことなのです。

傷つけないこととは何かというと、ニーズを満たすことであるというふうに言い換えられます。逆に言うと、ニーズがあるのにそれに応えないときに、相手を傷つけてしまう。さっきの車いすの例で言えば、エレベーターがあれば、ちゃんと教室まで行けるのにという、そういうニーズがある人に対して、設置する気はないんでというと、傷つけてしまいますよね。どういうニーズを持っているのかということを汲み取り、それを満たしてあげる、ここが一番難しいんです。どんなニーズがあるのかを理解することが。

さっきの例で言うと、例えば、子どもが不登校になったときに、知ってたはずの子どもがよく分かんないということになってしまう。「熟知性」が失われてしまう。何をニーズとしているのかが分かんなくなっちゃう。それで何をやっても傷つけてしまうんですね。そこに心理士が入ってきて、この子は鬱だから、こういうふうに関わると傷つけちゃいますよと教えてくれる。専門的な知識、病気についての知識が、この子がどういうニーズを持っているのかということについてちょっと理解を助けてくれるわけですね。そうすると、「ケア」が再開される。

じゃあ、そのニーズを満たすということをもう少し言い換えると、依存を引き受けることということに言えると思うわけです。依存を引き受けるというのは、いろいろと面倒くさいことを肩代わりしてあげるということですね。だから、「ケア」するというと、話を聞くことということに思われがちなんですけど、案外そうではなくって、皿を洗うとか、大雨が降ってる日に駅まで車で送ってあげるのが、心の「ケア」にもなってるわけです。だって、濡れたくないと思ってるわけじゃないですか。面白いのは、皆さんも記憶があるかもしれませんが、大雨の日に車で親が駅まで送ってくれたとしますよね。それは濡れなかったという意味でも助かるし、この雨の中行きたくないけど行くというニーズを満たしてくれるという意味でも助かってるんだけど、ザーッと雨が降る中、ワイパーが動いていて、車の中で空調が効いていて、その横にお父さんなり、お母さんなりが座っているときに、やっぱり何ていうのかな、なにか温かさを感じると思うんですよね。つまり、なんか親が心配してくれてるし、自分にちゃんと親切にしてくれてるっていう感じが、これが心の「ケア」になっている。つまり孤独じゃないっていう感覚を、そこで持たせてるわけですよね。

だから、「寄り添う」という言葉は僕は苦手ですが、多分「ケア」という、もうちょっと物理的にいろいろやってあげることの中でも、寄り添うというとただ一緒に隣にいるような感じだけど、車で送ってあげたりとか、お金の工面してあげたりとか、それこそ仕事を探してあげたりとか、そういうことが心の「ケア」になっているということだと思うわけですね。具体的な行動が「ケア」になる。

この「ケア」が難しくなるのは、何で傷ついちゃうのかを理解するのが難しくなってるときであるということは、さっきお話したとおりです。

セラピー

これに対して「セラピー」とは何か。「ケア」が傷つけないことであるとすると、「セラピー」というのは傷つきと向き合うことというふうに言い換えられると思います。例えば、雪だるまでいうと、ずっと氷を運んであげるのが「ケア」。つまり、溶けたくないというニーズがあって、それを満たしてあげるのが「ケア」。でも、いつまでも雪だるまにだけかかずらってることは、忙しいから難しい。そういうときに、やっぱり限界があるわけじゃないですか。どこまでも「ケア」はできないから、雪だるまと話し合わないといけない。「雪だるま君、ここにいると溶けてしまう、冷蔵庫のところに行ってみないか。冷蔵庫の中だったら、君は溶けないで済むはずだ」と言う。そうすると、現実を直面化しているわけですね。傷ついてしまうのは、君の問題でもあるということをここで提示して、それと向き合ってもらう。そうすると雪だるまは言うわけです。「いや、でもここにいたい。子どもたちに見ててほしいんだ」みたいな。「そうか、じゃあ分かった、春まで付き合うよ」みたいなね。このとき雪だるまのニーズは溶けたくないというニーズだったところから、子どもたちに見てもらって生涯を全うしたいみたいに、ちょっとニーズが変わっていくわけですよ。例えば、「ケア」がニーズを満たすことだとすると、「セラピー」というのはニーズを変更することだというふうに言えると思うわけです。

これよりもうちょっと分かりやすい例で言うと、例えば、お子さんが一人で小学校に行きたくないと言って、毎日送ってあげたとするじゃないですか。行きたくない、一緒に来てほしいと言う子を送ってあげるのが「ケア」。ニーズを満たしてるから。でも、最初は「ケア」から始めたらいいいんですけど、ゴールデンウイークを過ぎても一人で行かなかったら、ちょっとこのままでいいんだろうかと思いますよね。そういうときに、お子さんと話し合う。周りの子たちは一人で行くようになってるし、今、私が送り迎えできるからやってるけど、一人で行ったり来たりできたら、他のお友達と話す時間も増えるし、もっと自由にいろんなことができるようになるんじゃないって、話をする。そうすると、これが怖いことと向き合ってることになるわけですよ。傷つきに向き合っている。そうすると子どもは、そうだな、確かにちょっと心配だけど、友達と一緒に通ってみたいなと思う。ここでニーズが変更されてるわけですよね。こういうふうに、今まで傷つけないようにしていた、傷つかないようにしていたところから、この傷つきというものとちゃんと向き合ってみようとするのが、「セラピー」的な態度ですね。

これは、「ケア」が依存を引き受けることだとすると、「セラピー」は自立を促すことということなんですよね。手を出すのを控えるわけです。案外これは「セラピー」してる側にとっての負担なんですよね。『はじめてのおつかい』というテレビ番組があったのを覚えてますか。子どもが一人でお買い物に行くんだけど、あれ一緒に行ったほうが楽なんですよ、親としては。でも、一人で行けるかなと超心配して、はらはらして見守っている。これが自立を促すわけですね。だから、これはやっぱり非常に重要で、自立を促すというと一人でやらせるというイメージなんだけど、「セラピー」というのは、一人でやらしてるんだけど、それをはらはらして見守ってるこっちがいるわけです。だから、傷つきと向き合うというのは、単におまえのせいだというだけじゃなくて、そうやって傷つきとちゃんと向き合えるかなと、はらはらしている支援者がいるということですね。「セラピー」にはそういう難しさがある。傷つきと向き合わなきゃいけないんで、はらはらするわけです。

どうですか。皆さんの日常の関わりの中にも、「ケア」的な関わりもあれば、「セラピー」的な関わりもあるんじゃないかと思います。

ケアが先、セラピーは後

じゃあ、「ケア」と「セラピー」というのがどういう関係になっているかというと、「ケア」が先で「セラピー」が後。「ケア」のないところの「セラピー」は基本的には暴力になってしまう。ここは最も重要なところで、仮病はひとまず休ませたほうがいいと考えているのですが、これは僕の話でして、僕ちっちゃい頃からものすごい仮病を使う少年だったんですよ。あまりに仮病を使うんで、僕の妹は僕が死ぬと思っていたらしいんですね。あまりに休むから。サナトリウムにでも入っちゃうんじゃないかと。親もさすがに仮病だと気付きまして、あるときから体温計でエビデンスの提出を求められるようになったんですよね。国家のように、ファクトチェックがあるようになって。そうすると、こすくなっていくんですよ。僕がエビデンスを捏造するようになって。三九度とか出すと、病院に連れていかれちゃうんで、三七・二度みたいな絶妙な微熱を出すようになっていくわけですね。いつもそうやって嘘をついてたわけですよ。

なんですけど、僕は仮病というのは、何ていうのかな、体は熱はないんだけど心が発熱している状態だと思うんです。だって元気だったら学校へ行きたいじゃないですか。行きたいと思わないまでも、しょうがないから行きます。けど、行きたくないぐらい心が嫌になっちゃってるわけなんで、仮病こそが心の風邪なのではないかということを提唱しています。なので、仮病を使ってるときの子どものニーズは休ませてくれというニーズなんで、休ませてあげるのが「ケア」。だから、仮病を使ったら、取りあえず一日休ませたほうがいいというのが僕の持論です。しかし、例えば、次の日も仮病を使ってきて、朝三七・三度とか出してくるわけですよ。それで休ませる。そしたら、休ませた後は、キャッキャッとテレビ見て笑ってる。僕、そうだったらしいですよ。休めると分かった瞬間に元気が出てくる男だったらしいです。それは心が「ケア」されて回復しているから。なのに三日目もまた三七・一度とか持ってきた。そうしたら、そこでやっぱり親は言わないといけない。「学校、行きたくないの？　なんか学校、行きたくない理由あるの？」というふうに聞く。そしたら、例えば、友達との間でうまくいってないってことを、子どもが言うかもしれませんよね。そうすると、つまり傷つきと向き合っているわけですよ。

重要なのは、初日から、「あんた、学校行きたくないんでしょ」と言われたら、しゃべれないんですよね。先に「ケア」が起きているから、依存させてもらっているから、傷つけないでいてくれたから、傷つきと向き合うことが可能になる。で、「セラピー」。どうして行きたくないの？という、「セラピー」的な対応をした後に、友達と揉めちゃったと言ったら、今度また「ケア」になるわけですよ。親は学校に電話して、担任の先生と会って、そういう状態だと話をして、先生も、じゃあちょっと学校でも配慮してみますというふうに、子どもが傷つかないような環境の整備を行うわけですね。そして、また先生とも話してきたから、明日行ってみない？と言って、また「セラピー」的な対応になる。「ケア」と「セラピー」ということが、交互に繰り返されていくことによって、人の心というのは回復していくし、成長していくという、そういうモデルですね。

でも、重要なのはやっぱり「ケア」が先である。やっぱり、ハラスメントにせよ、対人支援で事故が起きてしまうときというのは、「ケア」が十分に足りていない中で「セラピー」的な関わりをしたときですね。働いてみようとか、学校行ってみようとかっていうのを焦りすぎたときに、いろいろ難しいことが起きて、そのたびにまた反省してちょっと「ケア」からやり直そうとするのが対人支援ですね。失敗してもいいわけですよ。失敗というのは、常に僕らの仕事にあることですから。

そういった「ケア」と「セラピー」がぐるぐる回る。今は「ケア」なのか、「セラピー」なのか、あるいはどの程度「ケア」な、どの程度「セラピー」な介入をしたらいいんだろうかと迷うのが対人支援です。これはだから、専門家だけじゃなくて、民間セクターでの対応も一緒ですよね。学校に一人で行かせるかどうか、あるいは、ちっちゃいことを言うと一人で寝るかどうかとかも、今日から一人で寝る日と決めてももちろんいいんだけど、ちょっと塩梅見ながらやるじゃないですか。そういうときに寄り添ってるんだと思うんです。それが、時々民間セクターでやられている中で、時々分からなくなっちゃったときに専門家がやってきてアセスメントをして、今この子こういう状態だから、こういう方針で一緒に様子を見てみませんかと言って後方支援してくれる。そうやって「ケア」と「セラピー」がぐるぐる回っていく、そういうことだと思います。

世間知と専門知

まとめに入りたいと思います。

「世間知」と「専門知」。「ケア」というのは基本的に民間セクターでなされ、「世間知」を通じてなされている。社会というのは、結構こういうふうに厳しいんだよという「世間知」もあれば、社会というのは案外優しい人がいるんだよというのも「世間知」ですよね。社会はめっちゃ厳しいぞと言うのは一面では正しいんだけど、結構緩いというか親切な人もいるわけじゃないですか。だから、社会はめっちゃ厳しいぞってだけなのは、「世間知」が足りないんじゃないかなと。例えば、役所とか行ったら、いろんな制度があって助けてくれるシステムがあるわけじゃないですか。そういう親切なところもあるんだよってことも含めて、こうしたら生きやすいぞみたいなことを教えてくれるのは「世間知」です。

「ケア」というのは、基本的にそういう「世間知」でなされている。しかし、先ほども申し上げたとおり、「世間知」というのは複数あって、生きてきた時代が違ったり、地域が違ったり、あるいは社会階層が違ったりすると、「世間知」がかみ合わなくなってしまって、それでいろんな事故が起きるわけです。それがうまくかみ合わないときには「世間知」が暴力になる。

そういうとき、「専門知」が役に立つ。専門家が役に立ってくる。やっぱり普段の「ケア」というのは「世間知」を通じて行われるんだけど、時々それがうまくいかなくなっちゃって、そういうときに第三者が入ってきて冷静な意見というか専門的な意見をくれることが、「ケア」をもう一回始めるために役に立つ。この場合の「専門知」というのは、例えば、臨床心理士が人間のメンタルヘルスはこういうふうになってるんですよっていうのも「専門知」だし、あるいは僕は弁護士というのも、かなり熱い仕事だなと思っていて、法律という観点から考えるとこの問題はこうだ、というふうにすると非常にいろんなことが整理されて、もう一回「ケア」が再開できるということがありますよね。だから、専門家というのは、そういう意味では「ケア」がうまくいかなくなったときに、弁護士にしても、医者にしても、心理士にしても、あるいは保護観察官も多分、そうだと思うんですよね。それぞれの「専門知」というのが、もう一度民間セクターでの「ケア」を再起動するのに役に立つ。

かように、「ケア」というのは、失敗して修復することの繰り返しであるというのが重要で、やっぱり対人支援の仕事というのは、結局寄り添えないことの連続なんですよね。寄り添えないことが起きて問題が発生して、それで反省したり理解し直したりするのが対人支援の仕事です。社会というものが今、失敗をあんまり許容しないような社会になっているので、一回失敗しちゃうと取り返しがつかないかのように思いやすいし、特に対人支援は人の心に関わるから、なんか失敗しちゃいけないと思いがちだし、自分も打ちのめされちゃうんですよね。自分は悪いやつなんじゃないか、自分という人間は駄目なんじゃないかと思いやすいからなんですが、やっぱり失敗を何度も何度も繰り返しながら、だんだんお互いのことを分かったり、人間のことを分かったりしていくのが「ケア」の仕事であり、この修復するというのが重要だと思うわけです。そういうふうにして、世間はぐるぐる回っているというのが、僕の言いたかった話です。

やはり、寄り添えないことに悩むことが、寄り添うことである

ということで、寄り添えないことに悩むことが、寄り添うことである。やっぱり僕は根本的に人は人に寄り添えているんだと考えるんですね。寄り添うというのをものすごく難しいことと考えるんじゃなくて、既に一般的に普通にあるものとして寄り添いがあると思うんですよ、普通の人間関係の中に。

でも、時々難しくなっちゃう。この寄り添えなくなっちゃったことを考えるために、「ケア」と「セラピー」の枠組みとか、さっきのヘルス・ケア・システムみたいな枠組み、補助線を入れてみました。

本章のここまでの内容は、保護司みらい研究所第七回全体会（二〇二四年一月二一日）における講演「こころのケアとは何か――寄り添いと世間知」をもとに再構成したものです。

対談

寄り添いと保護司活動

東畑開人
押切久遠

地域とのつながり

東畑　保護司の皆さんは、ボランティアで、しかも国の制度として位置付けられている。まさに保護司制度は、民間セクターと専門職セクターの重なるところにある非常によくできた仕組みですね。「社会の変化に伴う活動の困難化」が課題として挙げられていますが、つまりおそらく犯罪や非行をした人が地域に戻っていくためには、誰かがつながっていて、そのつながりの中から、つながりのネットワークの中に入っていくということが想定されているものと思います。確かに現代では、誰か一人とつながったからといって地域コミュニティの中につながるというのは結構難しいでしょう。逆に、もともと縁というものがしっかりあった社会では、保護司の方々は犯罪や非行をした人をどのように地域コミュニティへとつないでいかれていたのでしょうか。

押切　それは保護司の活動が官の活動よりも先に生まれたということと関係してくると思います。刑務所から出所したけれども行き場のない人が、例えば自死してしまったりとか、更生に非常に苦労している姿を見て、まずは民間の方々が、明治の時代である一四〇年ぐらい前に、保護司のような活動を地域で自主的に始められました。それを段々と官が一緒にやるようになって、戦後、今のような官民協働の制度になったわけです。ですから、地域で放っておけないという気持ちから、何とか犯罪や非行をした人たちも、誰一人取り残さないよう地域に迎え入れて、再犯しないように、新たな被害者が生まれないようにしていくということを、保護司の方々はもともと自分で考えてやられていたわけです。

そのころにはおそらく地域の中で保護司の方々がいろいろなネットワークを持っていらして、そこで使える手段とか、つなげられる先とかがあり、そういったことが機能していた。例えば、家庭なら親や親戚にコンサルテーションすればそこが動いてくれるとか、就職先について地域に頼れるところがあるとか。しかし、そのあたりが今はなかなか機能しづらい面があるのではないかと思います。

東畑　そうすると、保護司の方が一人で抱え込むということが起きやすいのではないかと思うんですが、どうでしょうか。

押切　そこは東畑先生の本の中でも、「ケアをするためにはケアされなければならない」、あるいは「聞くためには聞いてもらわなければならない」というお話として出てくると思うのです。保護司の方々というのは、もともと人の話を聞いたり人に会ったりするのが得意な方々である一方で、その活動を支える人にも恵まれている方々が多いのではないかと思います。つまり保護司の方それぞれの後方には、地域のいろいろなネットワークというのがあって、それが支えとしてあるから、一人で抱え込まずに保護観察の対象となった人に向かっていけたのではないでしょうか。それが、もしかしたら今は、以前ほど地域の支えが得られなくなっている面があると思います。

また、専門職として保護観察所の保護観察官がいるわけですから、保護観察官が保護司を支えるというのが本来的な姿であるとも思います。

東畑　最初に保護司を始められたのは、篤志家のような方でしょうか。

押切　篤志家で、地域のいわゆる名望家のような方々が初期の頃には多かったようですが、やはり時代も変わって、今では本当に様々な職種の方、多様な背景をお持ちの方々になっていただいております。

トラウマの問題

東畑　犯罪や非行の背景にあると思われるトラウマの問題ですが、トラウマがフラッシュバックするとき、暴力的なことや再犯、保護司との間でもトラブルが生じたりすることが起きるのではないかと推測されます。保護司にとっては、このトラウマに関する知識、すなわち「専門知」はどういう役割を持つとお考えですか。

押切　難しい質問ですが、まず犯罪や非行をした人というのは、相手に被害を与えるようなことをしており、自分の責任にきちんと向き合って立ち直っていかなければならないというのが前提ですが、実際には、その人たちの中には、生きづらさと言いますか、小児期逆境体験(1)を抱えている人などが結構多くいます。つまり、トラウマを持っている人が多いのですが、そのトラウマを扱うというのは「セラピー」的な働き掛けだと思いますので、非常に慎重に扱わないと、場合によっては関係をこじれさせてしまいます。

そこで、やはり保護司の方々には、まずはどちらかというと本人が傷つかないような「ケア」的な働き掛けをやっていただくことが重要だと思っています。よく話を聞いて、まずは関係をつくり、それから問題に気付かせるような働き掛けを行っていくということです。一方で、保護観察官は、基本的にそういった問題点を専門職としてきちんと扱っていくことが大切で、そこは役割分担をしながらやっていくことになると思います。

東畑　最近ではトラウマ・インフォームド・ケアということがよく言われます。すなわち、トラウマを「セラピー」するということではなくて、トラウマというレンズをはめて見ると、一見不可解に思えていたことが合理的に分かるようになるというのがその本質だと思います。すると、保護司の方が、相手を傷つけないように関わるために、トラウマについての知識が結構役に立つのではないかなと思います。

トラウマによってもたらされていることへの理解が、何となく支援者を支えるというふうに思ったのですが、どうでしょうか、

押切　おっしゃるように、そういった知識は保護司の方々が活動する上で役立つものだと思います。そのため、保護観察所では、保護観察官が講師となって定期的に研修を行い、保護司の方々に幅広い知識を習得していただくということも行っています。

また、様々な逆境体験を背景に、犯罪や非行をして保護観察の対象になった人の中には、学習された無力感というものを抱えている人が多いように感じます。そのため、周囲に対してハリネズミのようになっていたり、あるいは他者の言うことが耳に入ってこなかったり、自分はどうなってもいいというような刹那感を持っていたりする人がいて、その無力感をどう扱うかということも大きな課題だと思っています。保護司の方々には、「世間知」をもって粘り強く保護観察の対象となった人に関わっていただいており、その中で徐々に変化していく人というのが現れてきます。

東畑　無力感の問題は確かにシビアですね。前科があり、スティグマがついてしまう中で、もう一度自分自身に効力感を持っていけるかというのは、確かに厳しいですね。そのような場合、保護司の

方々はどうされるのでしょうか。

押切　話をよく聞いて、あなたにもできることがあるし、できるんだというように、コミュニケーションの中で働き掛けていくのだと思います。その一方で、本人が、実際に仕事をしたり、不良交友ではない新しい人間関係を築いたりしていく中で自信を付けていくということがあります。コミュニケーションでの働き掛けと環境の調整との両方を自然な形でやっているのが、保護司の方々ではないかと思っています。

保護司はあまり知られていない？

東畑　保護司というのは非常に重要な存在だと思うんですが、僕は全然知らなくて。それは僕だけでなく、一般社会でもあまり知られていないような気がするんですが、それはなぜでしょうか。制度の中に組み入れられ、社会の一つの仕組みとして確かにあるものなのに、ほとんど知られていない気がします。

押切　確かに保護司の方々からも、保護司に対する社会的な認知が低いということをよく伺います。一般の方々に対するアンケートでも、保護司という名前は知っているが、どういう活動をしているのかは分からないという回答も多いです。

その理由の一つには、犯罪や非行をした人たちと面接をするため、その人たちがそういったことをした人だと周りに分からないようにしなければいけないということで、少し隠れた存在として今まで活動をしてきたということもあると思います。

ただ、これだけ社会的に意義のある活動ですので、やはりより多くの方々に知っていただきたいということで、近年は広報活動に力を入れていますが、まだまだこれからです。

東畑　ドラマとかにもあまり出てこないですね。ドラマになりそうな話なのに。

押切　最近、テレビドラマや映画などでも、保護司を取り上げてくださっていますが、こういった存在が日本の社会の安全や安心を支えているという点をよく分かっていただきたいと思っています。

東畑　保護司は日本に特有のものだという話も伺いましたが。

押切　欧米では保護観察官が直接、保護観察などの処遇を行っています。日本のように民間の方々も活動している国としては、タイとかフィリピンとかケニアとかの例がありますが、日本ほど大規模に、民と官が一緒に処遇をやっている国はとても少ないと思います。

東畑　海外だとキリスト教のコミュニティなどでやっているかもしれないですね。

押切　教会が福祉的な機能を果たしている例は多いと思いますが、こと保護観察の実施となると、基本的に海外では保護観察官が中心になって行われています。

「世間知」と「専門知」の協働

押切　ところで、先ほど東畑先生がお話しされたように、「世間知」だけでも「専門知」だけでも十分ではないというふうに思うのですが、そのバランスを、我々のような活動では、どのようにとっていくのがいいでしょうか。

東畑　「世間知」がベースで、「世間知」に始まり「世間知」に終わるんですけど、「世間知」が通じなくなるときがあって、そこで「専門知」の役割が出てきます。今、共助の社会をつくろうと国が言っていて、やっぱり民間の中でコミュニティをつくり、サポートできるようにしていこうという発想、社会がそっちに向かわなければ持たないという話だと思うんです。

そうなったときに、心理学の「専門知」、特に病気についての知識、発達障害、トラウマ、躁鬱など、なにか心がいつもと違うとか、あるいは普通想定されるのとちょっと違ったふうに心が動くことがあるんだということが、薄い知識でも広がっていくことが結構大事なのではないかと思います。広報活動とか教育活動みたいなものがこれからは大切で、専門家が協力できることというのは、そのあたりにあるのかもしれないと考えたりしています。

押切 依存症などもでしょうか。薬物事犯の人は相当数いますので、依存症とかトラウマとかについて知識を持っておくことは、我々の分野でもますます重要になってくると思います。専門的な資格をお持ちの保護司の方ももちろんおられますが、一般的には「世間知」が豊富なところを生かしていただきながら、専門的な知識もある程度研修で知っておいていただくことが大切だと改めて思いました。

犯罪や非行をした人というのは、それまでの限られた「世間知」が通用せずに処分を受けて我々のところに来るのだと思います。そこで新たに出会うのが「世間知」の豊富な保護司であり、専門職である保護観察官です。

基本的にそのような役割分担ではあるのですが、保護司の方々には、日常の見守りとか助言をしていただく上でも、「専門知」についてある程度学んでいただく。そして保護観察官は、例えば、認知行動療法を使ったプログラムや専門的な介入をより適切に行えるよう、さらに専門性を高めるとともに、「世間知」の重要さを常に念頭に置いておくということが大事だと考えさせられました。

東畑 「世間知」は、「専門知」が時々スパイスのように入ると輝くのでしょうね。「世間知」だけで普通に生きやすくなる人だったら、そもそも保護観察の対象になっていないということがおそらくあって。やっぱり専門知が一まぶしあることで保護司の人生経験が光るというのがあるかなと思います。同時に、依存症とか発達障害とかトラウマに関する知識は、ある意味で社会というものを弱い方の側から見る知識だと思うんですね。弱い人から見えた社会がどのように生きづらいかを反対側から見せてくれる知で、それは、立場のある方たちがそういう知を学ぶことで、より社会が複雑に見えたりとか、結構勉強になると思うんです。

僕は「ケア」の仕事をずっとやっているわけですが、新しいクライエントがやってきて、知らない世界を見せてくれる。同じ社会に生きていても、違った角度から社会を見ると、こう見ることができるんだとか。だから、こういう「ケア」の仕事の良さは、人の役に立てる喜びももちろん一番大きいですが、勉強になるという面白さもあるなと常々思っています。

ロジャーズの影響

押切　往年の保護観察官は、来談者中心療法のロジャーズの影響を受けた方が多かったと聞きます。そのこともあってか、今も保護観察官が保護司に研修をする際には、面接の技法として受容や共感が重要であることを強調しており、実際にそのような態度で面接を行っている保護司が多い状況です。

まさに、ロジャーズのカウンセリング的な態度とか働き掛け方というのが、保護司の方々の「世間知」とマッチしたのではないでしょうか。保護観察をやっていると、保護観察の対象となった人が面接に来なかったり、裏切られたりということがあるわけですが、そういった人でも、保護司の態度に接して、長い時間をかけて変わっていくということが現場では見られます。これは東畑先生が本で書かれていた、いわゆる「時熟」というか、信じて関わる時間こそが、いろいろなことを変えていくということと関係しているのではないかと思います。

東畑 ロジャーズは日本文化と非常に相性がいいんですよね。最初ロジャーズが日本に入ってきたとき、まず教育分野と企業の分野に入っていったのです。比較的正常とされる人たちが相手のところでは、ロジャーズが非常に良かったんです。だから、逆に病院だとロジャーズでは案外厳しかったというか、ロジャーズ的な対応をしていると患者が悪くなってくる。けれど、学校現場って、ある程度子どもにも力があるし、企業の人たちも結構力があるので、受容するという構えがうまく日本の対人関係の形にはまったんだと思います。しかも、ロジャーズがなぜあれだけ流行ったのかというと、戦前の封建的な上意下達のカルチャーや、生徒指導的な上から下へという文化とは別の、もうちょっと個性的な水平の関わりとしてロジャーズが導入されたので、これが非常に良かったんだと思います。

ただ、臨床心理学の知について見ますと、例えば、認知行動療法、精神分析、ロジャーズなどの治療法の次元で、社会に少しずつ受容されてきたと思うのですが、人の心はこういうふうにできているとか、心のメカニズムの知識のほうが、実は役に立つのではないかと思っていて、それがトラウマや依存症とかの知識なわけです。つまり受容、共感、傾聴などは、相手のことがちゃんと分かっていたら普通にできると最近思っていて、心理学が社会の役に立てるにはどうしたらいいのだろうと、いろいろ模索して考えているところです。

押切 様々な課題に対応していくために、我々もここ十数年なんですが、認知行動療法を取り入れたプログラムなどを保護観察官が中心となって実施しています。犯罪や非行をした人の中には、認知の歪みというか、例えば、自分のせいじゃないというふうな思いが強かったり、薬物事犯の人にしても、自分は依存症なんて病気じゃないという思いが強かったりする面があって、そういった認知に働き掛けることをしなければならないということが段々分かってきて、それを専門職である保護観察官がプログラムの中でやっているということです。

保護司の方々と保護観察官の協働という点からは、保護司の方々が心のメカニズムについてさらに学ぶ機会を多くして、保護観察官も、「世間知」の重要さとか、「ケア」の重要さを学んでいくということが、大切なのかなというふうに思ったところです。

人と人のつながり

東畑　依存症の臨床でトップランナーとして走っておられる松本俊彦さんという方がSMARPPという依存症治療のプログラムをやっておられて、それにやっぱり認知行動療法的なニュアンスが入っているのですが、松本さんのお話で面白いなと思ったのが、保険診療にするためにSMARPPというプログラムがいかに有効かということを示していかないといけなくて、いろいろ頑張ってやってるんだけど、実際に臨床的に考えると、SMARPPが一番役に立っているのは、プログラム、プログラムの前後に雑談しているところなんだとおっしゃっているんですね。認知行動療法のプログラム、自分の認知を考えるという作業自体の意味もあるけれども、やっぱり人と人とが集うことの価値ってすごく大きいということです。

もう一つ、東日本大震災の後に、岩手県の海岸部の被災地に臨床心理士たちが支援に行きました。被災地ではコミュニティがなかなか再生しないので、孤独になっていろいろなメンタルヘルスの問題が起こる。そこで心理士たちが何をしたかというと、公民館とかでストレスマネジメント教室みたいなものを開催するんです。自分のストレスを自分でマネジメントする方法自体ももちろん教えますが、本当の狙いは、ストレスマネジメント教室というと人が集まってきて、そこでコミュニティができることらしいのです。この二枚舌性みたいなことがすごく面白いなと最近思っています。

おそらくそういう意味で、保護観察官が行うプログラムと、保護司の方たちがやっている処遇活動は連続線上にあって、人間っていうのはそんなに悪いやつじゃないという感情を抱くためには、結局人間と人間とのつながりがないとそうならない。そういう「つながり至上主義者」に僕は今なっています。つながりのために、みんながいろいろなことを熱心にやっていくという、そういう世界観があります。

押切 私も、技術的に認知を変えるということよりも、やはりつながりの中でいろいろな人と出会って、いろいろな人のものの見方を取り入れていくということが重要だと思っています。そうすることによって保護観察の対象となった人も成長できて、なおかつ、被害者の方の痛みを始めとするいろんな人の痛みも分かってくるということがあるのではないかと思います。

東畑 本当にそうですよね。僕も博士号を取り、臨床心理学、結構複雑な理論がいっぱいあって、いろいろ学びましたが、結局ちゃんとつながっていれば、人のことを考えられるようになるし、自分のことも冷静に見られるようになります。でも、つながり自体をつくるのがとても難しいから、みんな苦労しているという、そういうシンプルな世界観になってきていますね。

押切 つながりをどうつくっていけるのだろうかということが、今まさに感じていることです。以前は、つながりということも考えないような世界で自然につながっていたのが、今では、つながるためにはどうしたらいいのかとあれこれ考えなければならない世界になってきたのではないかと思います。

東畑 それも聞いてみたかったのですが、今、国がつながりというものを何とか再生しようと考えていろいろなことをやっているようですが、国家がつながりを再生するために、国家はどういうロジックでつながりを再生するための政策なり、法律なり、行政というのを考えていくんですか。僕は結局臨床職だから、出会って人の心が分かるみたいな個人レベルでしか物事を考えられないのですが、国は大きくつながりをつくり直そうってことを考えるわけじゃないですか。何が一番つながりをつくるために大事なのかって、どういうふうに考えるのですか。

押切　私も国を代表してお答えできる立場ではありませんが、ご承知のとおり、孤独・孤立対策推進法という法律ができて、これから施行されます。孤独・孤立というのは国家的な課題になっていて、それをどうしたら解消していけるかということで、いろいろな取り組みがなされていますが、そこでは、NPOの方々とか、民間の方々の力というのが大事になってくると思います。

我々の分野も孤独・孤立の問題には深く関わっていますので、まさに保護司とか、更生保護女性会という女性のボランティア団体とか、BBSという学生を中心とするボランティア団体とか、協力雇用主といって前歴を承知で雇ってくださる方々とか、いろいろな民間の方々がいて、それらの方々が、他の機関や団体も含めて地域で実際につながれるようにしていくことが大事だと思っています。また、そこで果たす保護観察所の役割というのも大きいのではないかと思います。

支援する人のためのネットワーク

東畑　その人たちがつながるために国や行政単位でできることというのは、組織をつくることなんですか。ネットワークをつくるために。

押切　それも大事だと思っています。ネットワークをつくり顔の見える関係をつくっておけば、それは本当にいろいろな場面で役に立ちます。実際にはケースを中心につながっていく、そのつながりを大切にしていくということが、私は大事ではないかと思っています。

ところで、東畑先生が書かれた本の中で、不登校の子にいろいろな働き掛けをし、家庭訪問しているうちに、会ってはくれなくても、一階まで降りてきてくれるようになったり、少しずつ変化していったというお話が心に残っています。

おそらく保護観察官もそうでしょうが、保護司の方々の一番の喜びというのは、難しいケースの人が、少しずつ心を開いて話をしてくれたり、笑顔を見せてくれたり、いろいろ頑張ってくれるようになることで、そういう少しずつの変化にあるのではないかと思うのです。

東畑先生は、お仕事をする中で一番の心理士冥利は、そういう変化を感じられることだというふうにおっしゃっていますが、我々に対してそういった点から応援のメッセージをいただければありがたいです。

東畑　僕はカウンセリングの仕事をしていますが、クライエントの人たちには急激な変化はしょっちゅうおきないというのは大事だと思います。つまり、みんなすごい長期でやっていて、僕らの仕事って、毎日毎日変化が起きる仕事じゃないというか、人ってなかなか変わらないな、そういうもんだと思ってやっている仕事なんです。

でも時々、こんなに変わってたんだと気付くことがあります。後から知るんですよね。自分が何かしたことによって突然変化するということはほぼなくて、ふと気付くと、引きこもっていた子が彼氏ができていてみたいな話をしてくるんですよね。驚天動地なんです。そんな知り合いいたの？みたいなね。でも、あれはやっぱりすごく感動しますよね。心の変化の面白いところは、何かちっちゃな変化に喜んでいるうちに、すごく大きく変わっていたみたいなところです。心というのはそういうことなんだと思うんですよね。なかなか変わらないけれど、時々ちょっとずつ変わって、それが積み重なったら、なんだか全然生き方が変わっていたみたいな。これは多分対人支援に関わる全ての人がそうだと感じることだと思うんですよね。

それは逆に言うと、変わらない時間をどうやって耐え忍ぶかという仕事だと思うんです。そのためには誰か話を聞いてくれる人が必要です。全然変わらないとか、むしろややこしくなっているということを相談できる人がいること、仲間がいることですね。仲間がいることがやっぱり一番重要なのではないでしょうか。

だから、変化が起きるまでを耐え忍ぶために、多分組織があったり、資格があったり、集会があったり、コミュニティがあったりするのではないかと思いますので、どうか皆さん、耐え忍ぶ仲間として頑張りましょう。変化ばんばん起こしていますみたいな人って絶対怪しい人ですよ。もう間違いなく。簡単に変化しないですよ、人間の心というのは、と言っておきたいです。

押切　保護観察の記録などを見ていますと、長い期間をかけて徐々に変化していくということがよく分かります。保護司の方々は、ご苦労なさっているけど、その変化を見るのが一つの大きなやりがいなんだろうなと思うことが多いです。ですから、今のお言葉というのは、非常に皆さんの励みになると思います。やはり、我々も粘り強く支援していく、そして、支援する人のためのネットワーク、自分たち自身も支えられるようなネットワークを常に意識していくことが大事だというふうに改めて思いました。

東畑　僕はやっぱり面白さが大事だという気がします。「ケア」する人を支えるものは、もちろん具体的な予算とか、つながり、ネットワークももちろん大事なんですが、やっぱりそのネットワークの中にいると面白いと思えることが、そのネットワークを活性化させるために必要な気がします。そして、やっぱりこの面白さって、知的な、賢いという意味じゃなくて、何かを知ることとか分かることの面白さの力って、すごくあるなというふうに思っています。

本章の対談パートの内容は、保護司みらい研究所第七回全体会（二〇二四年一月二一日）における対談「寄り添いと保護司活動」をもとに再構成したものです。

注

（1）　Adverse Childhood Experiences 一八歳以前における家族からの虐待、家族の服役、親との離別・死別、家庭内にアルコールの問題を抱えている人がいた等の経験。これらの経験は、その後の心身の健康やハイリスク行動に影響するとされている。『令和五年版犯罪白書』（二〇二三年、法務省法務総合研究所編）参照。

第3章　保護司制度の源流と意義を考える

山田憲児

保護司は、どうして我が国に無償のボランティアとして存在するのでしょうか。諸外国の人からは、アンビリーバブルな（信じられない）組織、人たちと受け止められている、この保護司制度の源流を探ってみたいと思います。

更生保護制度の特徴

我が国の更生保護制度は、民から始まり、次第に法制化され、国家性が付与されるという歴史的発展過程を辿ってきました。今で言えば「官民協働態勢」ですが、現在でも保護司、更生保護施設、更生保護女性会、ＢＢＳ、あるいは協力雇用主その他の民間篤志家を合わせると二〇万人を超えており、国家公務員以外に民間篤志家が更生保護の担い手として非常に大きな存在になっている点が特徴的ですし、そこに非常に大きな意味があると思っています。

更生保護を支える基盤

この「更生保護」のことを現在では「社会内処遇」と言ったりしますが、更生保護制度が誕生した一九四九（昭和二四）年の頃は、「施設内処遇」の反対語として「施設外処遇」と言われていました。これが随分長く続いた後、「社会内処遇」という用語が登場するのは、一九六六（昭和四一）年頃です。その時の更生保護官署の全国会同で、石井光次郎法務大臣と第五代保護局長の本位田昇さんという方が、大臣訓示の中などで「社会内処遇」という言葉を正式に使い始められたということが分かっています。

この「施設内処遇」と「施設外処遇」という言い方は、処遇の場が塀の内か外かという物理的な意味合いを指すのに対して、「社会内処遇」は、社会全体が処遇者であるという考え方を基盤に持つものだと思っています。あらゆる社会資源を統合し、活用して、社会と協働し、社会に支えられた処遇を行うというような意味があるわけです。

このような社会内処遇を成り立たせるために、犯罪者予防更生法第一条第二項に、「国民の応分の寄与」という規定があるわけです。全ての国民は犯罪者の改善更生のために応分の寄与をする、という規定が一九四九（昭和二四）年にできましたが、これは非常に珍しい規定です。社会内処遇は、社会の中で犯罪者や前科者を受け入れる土壌がなければ成り立たないわけで、誰もアパートを貸さない、雇ってくれないということであれば、いかに更生しようと思っても社会の中で生きていくことはできません。

「寿限無」という落語があり、その随分長い名前の途中に「食う寝るところに住むところ」というのが出てきますが、これらが人間が生きていく上で非常に大事なことであるということは、「寿限無」を例に取るまでもありません。

国民の世論調査で、例えば、犯罪者や非行少年に対して国民はどのように思っているか、犯罪をする人は生まれつきの人か、その後の環境などの影響によるのかといった質問をすると、時代によって様々な考え方が出てくるので、その調査結果をずっと追っていくととても参考になります。要するに、凶悪な犯罪が相次いだりしますと、世の中の人たちは、犯罪者や非行少年に対して非常に厳しい目で見るようになります。一方で、犯罪や非行は地域社会から生まれてくるものであって、本人の意思と環境が変われば人は立ち直ることができる、という考え方を持つ国民や地域住民が増えるということが、社会内処遇を有効なものにするわけですね。

私は、保護局に勤務しておりました時、ある地域の更生保護施設が地域住民の反対を受けて、約二五年間建て替えをできないということがあり、現地に何度も出張しては反対派住民と話し合いを持ったことがありました。天が落ちるがごとく、更生保護施設を作れば間違いなく危険な地域社会になると信じてやまない人たちがおられたわけです。当時は、そこだけではなく、更生保護施設が建て替え

山田憲児（やまだ・けんじ）

更生保護法人更新会常務理事・保護司。東京大学教育学部卒業。1972年に法務省に入省し，保護観察官となる。保護局総務課長，地方更生保護委員会委員長等を歴任し，2012年退官。日本社会事業大学特任教授，全国就労支援事業者機構事務局長等を経て現職。

ようとすると、地域住民の反対運動にほぼ遭遇するという非常に厳しい時代でした。幸いなことに、現在では比較的国民の理解や寛容度が進んできたように思いますが、更生保護施設のみならず、保護司の確保についても、国民の理解と協力がなければ保護司制度も維持できないし、更生保護施設も存立できない、つまり社会内処遇が成り立たないと言えるように思います。

保護司制度の発達

保護司制度について見ますと、「世界最初の保護司」と言われるのが、ジョン・オーガスタスという、アメリカのボストンで靴屋をやっている方でした。この方が裁判を傍聴して、自分が保証人になって、犯罪者や非行少年を引き受け、生涯約二〇〇〇人の人たちを保護したと言われています。これを契機として、アメリカではマサチューセッツ州において、世界最初のプロベーション法が制定されました。

では、日本ではどうでしょうか。我が国の保護司制度の源について、中央更生保護委員会という、今の法務省保護局に当たるところが編集して一九四九（昭和二四）年一一月に発行した『保護観察読本』に、保護司制度の沿革が解説されているのですが、そこに「司法保護委員制度の淵源は、古くは徳川時代の五人組制度にまでさかのぼる」という記述がありました。しかし、次第に五人組制度という記述は消えていきます。それは、五人組制度というのは、言ってみれば相互監視であって、保護司制度の淵源としてふさわしくないと思われたからかもしれません。また、『保護観察読本』には、「司法保護事業の一つの組織を最初に構成したのは、大正二年の福井県下における司法保護委員制度の実施であった。その成績が顕著に上がったので、大正一四年になると愛知県自啓会が愛知県下にこの制度を実施し、続いて大正一五年には三重県保護会、函館助成会などが実施した」などと書かれています。すなわち、福井福田会が最初の保護司制度の原型であるというのが、当時の法務省、中央更生保護委員会の公式見解だったのです。福井福田会は、県下に一五の支部と一出張所を設置し、各市町村に一三二名の地方委員を配置しましたが、それが保護司制度の嚆矢とされていたのです。しかし、二〇〇〇（平成一二）年発行の『更生保護五〇年史』以降においては、静岡県出獄人保護会社が福井福田会に先駆けて保護委員（保護司）を配置していたということが書かれるようになり現在に至っています。

この福井福田会ですが、「福田」というのは仏教用語で「善い行いの種子をまいて、福徳の収穫を得る田畑」という意味があるそうですが、福井福田会が今の保護区に該当する一五の支部を各地のお寺に置きました。当時は、寺院仏閣が司法保護委員制度の担い手となっていたことが分かります。もちろん留岡幸助、原胤昭、有馬四郎助や耶蘇典獄（キリスト教を信じる刑務所長）とか、山室軍平などのキリスト教関係者も免囚保護事業に取り組んでいましたが、中心には仏教関係者がありました。仏教にもいろんな宗派がありますが、一番多いのが親鸞さんの浄土真宗本願寺派で、更生保護施設を札幌や京都など全国に何か所か創りまして、「善人なおもて往生をとぐ、いわんや悪人をや」という悪人正機説による保護を行いました。

静岡県出獄人保護会社による保護委員

長い間、一九一三（大正二）年の福井福田会が設けた地方委員制度を保護司制度の淵源としていましたが、後で紹介します安形静男氏の調査によって静岡県出獄人保護会社の保護委員が先駆けであることが分かりました。静岡県出獄人保護会社は、金原明善や川村矯一郎によって始められたものですが、そのうち金原明善は、明治以降、天竜川の治水事業を手掛けた人であり、大暴れする天竜川を治水し、氾濫を抑えるためにどうしたらいいかと考え、その上流の山河、山林が荒れているということで、そこに植林をするということを始めた方です。川下より川上論という言葉がありますし、「森は海の恋人」という言葉があります。これは宮城県の気仙沼でかき養殖業を営む畠山重篤さんの言葉で、豊かな海を育てるためには豊かな森がなければいけないとして、気仙沼に注ぐ川の上流の地域で植林をしているんです。畠山さんは現代版金原さんともいえます。この金原明善が、一八八八（明治二一）年に川村矯一郎と一緒になって静岡県出獄人保護会社を設立し、更生保護施設と保護委員を置いたということです。

次に川村矯一郎ですが、大分県中津藩出身の藩士です。福沢諭吉も中津藩ですが、国事犯、すなわち大久保利通の明治政府に反抗したということで捕えられ、獄舎に入りました。出所してから六年後、当時は刑務所長を典獄と言っていましたが、静岡監獄の副典獄となり、それから典獄となりました。その際、凶悪犯で監獄の中にいた吾作という男を川村矯一郎が一生懸命教育をし、改心を果たした吾作はもう二度と犯罪をしないと誓って出獄（出所）していったのですが、家に帰ってみると、最愛の妻は他の男と一緒になって子どももいるし、親類縁者を訪ねても誰も相手にしてくれない。そうかといって、川村矯一郎との約束があるからもう悪いことはできないということで、最後は池に身を投じてしまうということがありました。この話を川村矯一郎から聞いた金原明善は、あなたが一生懸命、刑務所で教育訓戒しても、人が死んだのでは何の意味もないと。「名訓戒人を死なす」ということですね。だから、社会の中で彼らを保護する組織を作らなければいけないと、出獄人保護会社を創立したと伝えられています。

保護会社といっても、営利を目的とする会社ではなく、今で言えばＮＰＯ法人、あるいは一般社団法人や公益法人的なもので、保護施設を設け、さらに一七〇〇人を超える保護委員を静岡県下に配置しました。これがいかにすごいかというのは、人口を当時と今で比較してみると一目瞭然です。一八八八（明治二一）年の静岡県の人口は約一〇六万人、そこに一七〇〇余名の保護委員がいたということは、人口六二四人に一人いたという割合になりますが、二〇二三（令和五）年の静岡県の人口は三五三万人、保護司定数は一四九五人ですから、人口二三六一人に一人という割合で保護司がいることになります。これを比較すると約四倍になり、当時いかに多くの方を保護委員に委嘱していたかが分かります。

静岡県出獄人保護会社の保護委員名簿ですが、これは、日本更生保護協会の職員であった安形静男さんが、国立国会図書館で当時の新聞をマイクロフィルムで全部調べた結果、静岡大務新聞に掲載されていることに気が付き、それを全部拾い出されて分かったものですが、これが決定的な証拠になって、福井福田会を先駆けとする説が捨てられ、いわば更生保護の教科書を塗り替えることになったのです。

この保護委員名簿を見ますと、安田という名があり、その隣に金原明善、そして、野崎、井上と書かれていますが、この井上彦左衛門さんという人が静岡県下では大変有名な経済界の重鎮で、銀行の頭取をした後、国会議員になりました。その時、司法保護事業を民間に任せているのはよくない、国がこの事業を実施すべきだという司法保護事業国営論を主張され、実際に一九〇七（明治四〇）年にそのような建議が国会に提出され、この年初めて免囚保護事業奨励費が司法省から交付されるようになりました。

保護委員名簿には、静岡県下のかなり有名な財界人、経済人、知識人が含まれていましたが、当時はまだ実費弁償金もありませんし、法務大臣の辞令もないわけですが、よくぞ一七〇〇人を超える方を配置できたものだと驚かされます。その後、こうした運動が全国に広まっていき、一九三九（昭和一四）年の司法保護事業法の成立によって、初めて更生保護施設と司法保護委員が法制化されました。

嘱託少年保護司の誕生

今申し上げた保護委員は免囚保護事業の関係ですが、少年保護の方には嘱託少年保護司の制度がありました。一九〇八（明治四一）年の刑法は、犯罪の処罰年齢の下限を一二歳から一四歳に引き上げて一四歳未満の少年の行為を罰しない旨の規定を置きました。さらに少年に対しては原則として刑罰を用いず保護処分によることとした旧少年法が、一九二三（大正一二）年に施行され、これにより少年審判所ができました。当時の国家財政は非常に厳しかったので、少年審判所は東京と大阪にしか置けず、二府三県だけで部分的に施行されたというとても珍しい法律で、全国的に施行されるまでに二〇年もかかっています。

旧少年法に置かれた九種類の保護処分の中の一つに、「少年保護司ノ観察ニ附スル」というものがありました。この少年保護司というのは、今でいう保護司というよりも、保護観察官に相当するものでしたが、それには専任の官吏のほか、今の保護司に相当する嘱託少年保護司が充てられ、我が国独特の官民による保護体制が発足することになりました。

嘱託保護司の誕生と消滅

思想犯保護観察法という、当時治安維持法違反で捕まった人たちが刑務所に入れられ、そこから出てきた人たちに対する保護観察を実施する法律が一九三六（昭和一一）年に施行され、これにより成人犯罪者の一部に対する保護観察制度が初めて法律上誕生したわけですが、そこに専任保護司又は嘱託保護司の観察に付する旨の規定が置かれました。しかし、戦後間もなくの一九四五（昭和二〇）年一〇月に、治安維持法がＧＨＱの指令により廃止となり、保護観察所もなくなりました。

司法保護事業の法制化と司法保護委員

このような旧少年法や思想犯保護観察法に触発されて、保護団体も増えていきましたが、その経済的基盤は誠に脆弱であったので、時代の推移とともに保護国営論も現れて、保護措置の法制化と保護事業に対する国の補助を求める気運が高まっていきました。一九三二（昭和七）年には民間事業者の間で「司法保護法綱領」がまとめられ、これを受けて、小林錡さんらの代議士が、一九三三（昭和八）年、帝国議会に司法保護法案を提出しましたが、審議未了で成立しませんでした。かくして、一九三九（昭和一四）年三月二九日に司法保護事業法が成立し、同年九月一四日に施行されました。なお、施行前の同年三月には、東京司法保護委員名簿が既に出来上がっていましたので、どれだけ民間の動きが先行していたかということが分かります。その名簿を見ますと、全ての保護区に参事が置かれ、保護区内の警察署長と区役所の社会課長が参事に就任しています。例えば、今の新宿区の一部である淀橋には、三五名の司法保護委員が置かれ、その中には現在の更新会に当たる帝国更新会の職員が五名含まれていました。

免囚（司法）保護事業の発達と民間の自発性・任意性

免囚（司法）保護事業が明治時代にどうして民の自発性、自主性により立ち上がったのかという点では、一つとして別房留置制度の廃止が関連していると思います。

別房留置制度は、一八八一（明治一四）年の監獄則の第三〇条「刑期満限ノ後頼ルヘキ所ナキ者ハ其ノ情状ニ由リ監獄中ノ別房ニ留メ生業ヲ営マシムルコトヲ得」という規定を基に、監獄を出ても身元引受人のいない人に対して、出たら一週間程度で再犯するんじゃないか、それなら監獄の別房に留置しておけば再犯が防げるのではないかとして設けられたものです。今なら保安処分に相当するものと思います。

当時は内務省が監獄の経費を所管していましたが、この別房留置の留置人数がどんどん増えて税金で賄いきれなくなり、また第二の監獄ではないかという批判もあり、結局廃止されたわけです。安形静男さんの「別房留置制度の廃止」（一九九三年、『犯罪と非行』第九八号）によれば、一八八六（明治一九）年の全国の監獄収容人員は三五万人であり、例えば、静岡県の地方税支出に占める監獄費の割合は一三・五パーセントで年々増加の傾向にあり、全国的にもそうであったので、財政逼迫を理由に、別房留置制度を廃止する決断がなされたわけです。

それで、「旧則第三十条廃止セラレタルヲ以テ刑後頼ルヘキ所ナキ者ヲシテ其ノ為スニ一任スルハ再犯ニ至ル」おそれが高いので、「彼等ヲ保護シ、自営ノ道ヲ得セシムルノ計劃アルヲ要ス、已ニ地方ニモ其企アリト雖尚一層此ニ注意シ有志ノ慈善家ヲ奨励シテ保護会社ヲ設立スルカ又ハ其他ノ方法」により保護する必要があるとして、当時の内務大臣山縣有朋が、一八八九（明治二二）年七月に訓令を出し、免囚保護事業を奨励したわけです。

別房留置の廃止によって急増する出獄者の対応策として、民間篤志家に保護会社の設立を促したものですが、これに呼応するように、京都感化保護院（現在の盟親）、新潟県出獄者保護会（現在の川岸寮）、埼玉慈善会免囚保護院（現在の清心寮）、山梨県保護慈善会（現在の山梨似徳会）など、様々な保護会が建てられていきます。しかしながら、別房留置の廃止の前にも、金原明善の事業はもちろんのこと、それ以外でもたくさんの保護会が設立されています。

同じことは少年法についても言え、旧少年法の施行は一九二三（大正一二）年一月ですが、その前から多くの少年保護団体が設けられています。例えば、千葉県の福泉寺の住職、竹内道拙によって設立された財団法人星華学校（後の少年院「千葉星華学校」など）は、国語教育の教師でも有名な無着成恭という方が綴り方教室を実践した学校としても有名です。

司法保護委員制度の伸長と警察監視制度の考察

次に、警察監視制度が免囚保護事業の発達に大きな影響を及ぼしています。警察監視といっても歴史的には非常に複雑ですので、まずは簡単に整理してみます。

一八八〇（明治一三）年に制定された旧刑法には監視という刑罰があり、明治時代の免囚保護事業関係者はその廃止を悲願としていました。監視が、監獄からの釈放者にとって社会生活を平穏に過ごす上では弊害になっていたのです。警察官により監視され、釈放者の住居や勤務先に不意に官服を着た警察官が現れては、「おまえ真面目にやっているか」などと言うものですから、職場のみんなに前科があることが分かってしまい、そこから逃亡するというようなことが起きたりしました。また、決められた日時に警察署への出頭が義務付けられてもいました。

この監視は、旧刑法では付加刑として定められていたわけですが、さらに「仮出獄ヲ許サレタ者ハ、特別ニ定メタル監視ニ付ス」と規定され、仮出獄中の者には特別監視がありました。この監視及び特別監視が出獄人にとってどれだけ過酷なものであったかは想像に難くありません。一八八八（明治二一）年の統計によれば、同年に全国で一二万件の犯罪が起訴されていますが、そのうち件数の多い順に並べると、賭博罪、窃盗罪、詐欺罪、そして四番目に監視規則違反罪が続き、実に四八〇〇人余がこの違反で断罪されていました。

当時の大日本監獄協会の雑誌には、この監視の弊害を訴えその廃止を求める投書なども見られます。そして、一九〇七（明治四〇）年の現行刑法によって付加刑から監視は消えましたが、出獄人に対する「監視」は「監督」に引き継がれます。すなわち、翌一九〇八（明治四一）年に制定された監獄法第六七条第一項に、「仮出獄ヲ許サレタル者ハ其期間左ノ規定ヲ遵守ス可シ」として、「一、生業ニ就キ善行ヲ保ツコト」「二、警察官署ノ監督ヲ受クルコト但警察官署ハ監獄ノ意見ヲ聴キ他ニソノ監督ヲ委任スルコト」「三、住居ヲ移転シ又ハ十日以上旅行ヲ為サントスルトキハ監督者ノ許可ヲ請フコト」と規定され、その下で仮出獄取締細則が出され、警察官署による監督が引き続き行われていきました。

当時の仮出獄証票を見ますと、裏に仮出獄者心得事項が一番から一〇番まで書かれており、一番には住居地を管轄する警察官署に出頭しなさい、三番には生業に就きなさい、四番には警察官署の監督を受けその指揮命令に従いなさい、八番には転居、旅行は許可を得なさいなど、警察官署の監督について縷々規定されていたわけです。

そこで、一九三九（昭和一四）年の司法保護事業法の国会審議において、庄司一郎という国会議員から警察視察の問題が取り上げられた際、当時の森山武市郎政府委員は次のように答弁しています。なお、森山武市郎さんは、司法大臣官房保護課を保護局に昇格させ、少年保護、思想犯保護観察法、司法保護事業法など戦前の法制を確立した人で、東京の千駄ヶ谷にある更生保護会館の正面右手にその胸像があります。

「只今お示しの『ジャンバルジャン』の場合におけるいわゆる刑余者と警察官との関係については、まことに考えさせられる所が多いのでございます。私らの方に対しまして司法保護団体の方から、どうも警察の視察が悪いために、せっかく改過遷善をしていた者が自暴自棄になって犯罪に陥った、何とか警察側に反省を求めてくれ、こういった註文を聞くのでございます。むろん内務省におきましても、この釈放者に対する視察内偵については訓令や通帳を出しまして懇切丁寧に取扱うべきこと、ないしは極秘裡に本人と接触を保つべきこと等々、きわめて剴切なる指示をしているようでございますが、数多い警察官のなかにはただいまご説明のようなことをなす者が往々にしてあるようでございまして、誠に遺憾と存じている次第でございます。固よりこの法案がご協賛いただきましていよいよ実施の暁になりましても、警察視察によってかたっぱしから潰されるというようなことがあっては大変なことでございます。むろんそういうことはないと確信いたしておりますが、しかし本法がその実績を上げるや否やについては極めて重要なことでございますから、従前に倍加して内務省方面と密接なる連絡をとりまして、従来ありましたような遺憾なことが今後においてはほとんどないように、その絶滅を期する意気込みで行きたいと思うのであります」（『司法保護の回顧――森山武市郎先生顕彰録』一九六九年、三三～三四頁）

この答弁は、すごく勇気のいる答弁であったのではないでしょうか。内務省に対し、言わばけんかを売っているようなものですから。

このように免囚保護事業関係者は、司法保護事業法の制定によって司法保護委員を制度化し、刑務所出所者の観察保護を司法保護委員に委ね、更生を促そうと考えたのでした。早く警察監視を廃止したい、そのために新たなる保護制度の構築をしてくれということを司法省に嘆願、陳情し、署名活動等をやったわけです。

しかし、警察監視制度の廃止は終戦を待たなければなりませんでした。一九四九（昭和二四）年七月に犯罪者予防更生法が施行され、犯罪者予防更生法施行法によって、ようやく監獄法第六七条は削除され、警察監視は終了したのです。それは、警察監視の時代が長く続いたのでは犯罪者は更生しない、更生保護あるいは免囚保護、司法保護事業、そして保護団体の人たちの手によって保護しようじゃないかというような気運が、当時相当強くあったのではないかと思います。

恩赦と更生保護

最後に、更生保護制度の発展と大日本国帝国憲法の恩赦制度は、非常に密接な関係がありました。例えば、一八九八（明治三一）年に明治天皇のお母さまの英照皇太后が亡くなったときに、明治天皇は恩赦を実施しまして、その大赦で一日にして一万人の受刑者が監獄から釈放されました。明治天皇の御大喪恩赦、大正天皇の御即位恩赦など、当時の恩赦は、とても大きな規模でなされていますが、折角天皇陛下がお許しになった罪人に再犯させてはいけないということで、更生保護、免囚保護事業関係者は特に力を入れたのではないかと想像しています。

第二次世界大戦後の司法保護委員制度の危機

戦後間もなくの日本はGHQの統治下にありましたが、司法保護事業法改正案をGHQに提出したところ、全然相手にされなくて、GHQからいろんな指示が出されてきました。GHQの考え方と日本の考え方には大きな違いがあり、例えば、GHQは、今の更生保護施設につながる当時の免囚保護団体を廃止したいということでした。一方、日本はこれを維持したいということで、厳しいせめぎ合いがあり、司法保護事業は当時の厚生省の所管とすべきという意見がGHQ側から出てくるなどしたわけです。

また、戦後の犯罪対策として、成人に対する保護観察制度の導入を目指しましたが、GHQ側は、保護観察の担当者を民間の司法保護委員とするのは無責任である、こういった重要なことは有給・常勤の国家公務員がすべきであると主張し、ここに司法保護委員制度は危機を迎えたのです。

これに対して日本側は、司法保護委員については無給で奉仕的に公務に従事し、実績を上げている上、適当な接触を必要とする保護観察の実施には地域社会の中にある民間篤志家が適任であり、少数の常勤職員のみでは保護観察を適正に遂行することは困難であると主張しました。この結果、「保護観察官で十分でないときは（not available）司法保護委員が従事する」ということで、ようやくGHQの了承が得られたという経緯がありました。

そして、一九四九（昭和二四）年七月一日に犯罪者予防更生法（Offenders Prevention and Rehabilitation Act）が施行され、これによって我が国の近代的な更生保護制度ができ、それまでの「司法保護」は「更生保護」と呼ばれることとなりました。さらに翌一九五〇（昭和二五）年に保護司法が制定され、全国に五万二五〇〇人の保護司を置くことが法定されたのです。

この司法保護から更生保護の流れの中で一貫して変わらないものは、民間性です。そして司法保護委員（保護司）制度が維持された最も大きな理由は、司法保護制度時代に既に事業の主な担い手は官ではなく、民であったという厳然たる事実です。現在の更生保護制度において、保護観察官一に対して保護司の数は四四ですが、戦前の少年保護においては一（少年保護司七三人）対五四（嘱託保護司四〇〇〇人）（一九四八年九月三〇日現在）、思想犯保護においては一（輔導官八人）対一八（嘱託保護司七六四人）（一九三七年一二月三一日現在）となっており、圧倒的に民間人が多いということが分かります。なお、一般釈放者保護の分野では、すべて司法保護委員（三万五〇〇〇人、一九四二年一一月一日現在）が従事しており、公務員である保護官は司法保護委員の取りまとめ役であったので、対比していません。

司法保護の時代から、民間の篤志家が保護事業を担っており、その延長線上に更生保護制度が誕生したと理解することができます。初代の法務省保護局長の斎藤三郎氏は、「司法保護の台木に、一歩進んだプロベーション、パロールという刑事政策の芽を接ぎ木したのが現在の更生保護だと思う。更生保護の根は、台木となった司法保護の根であり、接いだ更生保護の枝に結実するものは従来にない高価な果実である」と言われました。斎藤氏が一番守りたかったのは保護司制度であり、更生保護は西洋種ではなく日本種であるということを後世に残したかったのではないかと思います。

いかに日本種を残すかということにとても苦労をしたのですが、正直申しますと、バーデット・G・ルイス博士が休暇でアメリカに帰っている最中に、犯罪者予防更生法の案を作って国会に出したという、そんないきさつもあったのです。

他にも、『更生保護史の人びと』（一九九九年、日本更生保護協会）や『更生保護のあゆみ』（一九七七年）という齋藤三郎さんの本にも書かれていますが、先人の方々の並々ならぬ苦労や努力があったおかげで、現在の更生保護制度や保護司制度があるということをご理解いただければと思います。

また、斎藤氏は「更生保護とは、人間にとり苦痛である刑罰をできるだけ避け、愛情と智慧である保護観察を用いて犯罪をした人を更生させ、犯罪のない社会の実現を図ろうとする人間の悲願と云うべきものである」とも語っています（『更生保護のあゆみ』一七七頁）。

司法保護から更生保護へ、保護司制度の継承へ

先にも触れましたが、我が国の更生保護の理念・特徴を三つにまとめてみることができると思います。

第一は、社会の保護を目的としているということです。

犯罪者予防更生法と執行猶予者保護観察法を整理するものとして成立した現行の更生保護法の第一条には、更生保護の目的が書いてあり、それを要約すると、犯罪者や非行少年の再犯を防ぎ、改善更生を助けるという二つの目的が書き込まれ、終局的には、これらをもって「社会を保護し、個人及び公共の福祉を増進すること」を目的としています。

第二は、社会全体で、犯罪や非行のない社会を国民一人ひとりがつくろうとしていることです。犯罪に関することは警察や裁判官の仕事で、私たち市民は関係ない、国民は税金を納め、その税金で雇われた公務員が犯罪対策をすべしと考えがちですが、実はそうではないと。犯罪や非行は社会から生まれるものであり、その鍵は一人ひとりの市民・国民が握っている。国民は、犯罪のない社会を実現するために、その地位と能力に応じた寄与をするように努めなければならない（更生保護法第二条第

三項）と規定しました。

第三は、官と民の協働で更生保護活動を行うこととしており、民間活動の促進を国の責務としていることです（「国は、前条の目的の実現に資する活動であって民間の団体又は個人により自発的に行われるものを促進し、これらの者と連携協力するとともに、更生保護に対する国民の理解を深め、かつ、その協力を得るように努めなければならない」（更生保護法第二条第一項））。

このように更生保護の特徴をとらえると、更生保護は「社会の社会による社会のための制度」であり、その主役は地域社会とも言えるのではないでしょうか。

私が学んだ更生保護のこころ

私は、いろいろな人に更生保護のこころを学んできました。その中から三人を紹介します。

一人は、保護司の三浦強一さんであり、彼は著書『保護司』（一九七六年、広島県保護司連合会）の中で、保護司とは「身に寸鉄をおびない」と書いています。寸鉄とは刀や拳銃などのことで、保護司は「権力」ではなく「権威」で対象者とつながっていることを「身に寸鉄を帯びない」と表現したと思われます。

一人は、日本画家の平山郁夫画伯で、一九三〇（昭和五）年に広島県に生まれ、旧制広島修道中学校の三年時に原子爆弾に被爆しました。東京藝術大学卒で文化勲章を受章した日本画壇の最高峰で、「社会を明るくする運動」に協賛し、更生保護カレンダーに作品を無償で提供し、画伯の絵は全国の更生保護施設に寄贈されています。

約三五年前、私は画伯に大変失礼な質問をしてしまいました。「なぜ先生は更生保護に協力されるのですか」と。すると画伯は「憎しみでは絵は描けない。それは更生保護も同じでしょう」と答えられたのが今でも忘れられません。「罪を憎んで人を憎まず」という言葉がありますが、保護司は対象者に憎しみの気持ちを持って接するのは難しいです。保護司には慈愛のこころがあるように思います。そのこころがなければ保護司活動を続けることはできないでしょう。

もう一人は、全国保護司連盟会長を一六年間務めた瀬戸山三男先生です。先生は、保護司等の会合で挨拶するときに「今日は神様、仏様に会えた。うれしい」と最初に述べられました。私は「変なおじいさんだな」と思っていましたが、しかし最近、私もこの言葉を理解できるようになりました。先生は、書を頼まれると「慈悲以為本　利他以為先」と揮毫されました。「更生保護は利他である。他人を利することである。自分のためではない。自分がしてほしいことを相手にしてあげなさい」という意味です。先生は一九九七（平成九）年六月二八日に九三歳でお亡くなりになりましたが、その四日前、病床で次の文章を書かれています。

「保護司の任務は誠に地味で気苦労の伴う困難な仕事であるが、犯罪や非行に走り他人に害を加え、社会の平和を乱すばかりでなく、自らも人生を不幸に落とした人々を、自己の利害を離れ、真の人間愛の発露として善導更生させ、また、犯罪や非行のない平和で明るい社会構築のため精魂を傾けておられる姿は、まさに神の愛の実践者、仏の慈悲の権化と申すべきものである」

保護司法第一条には「保護司は、社会奉仕の精神をもつて、犯罪をした者及び非行のある少年の改善更生を助けるとともに、犯罪の予防のため世論の啓発に努め、もつて地域社会の浄化をはかり、個人及び公共の福祉に寄与することを、その使命とする」と書いてあります。

また、一九九四（平成六）年に制定された保護司信条には、次のようにあります。

私たち保護司は、社会奉仕の精神をもって、

一、公平と誠実を旨とし、過ちに陥った人たちの更生に尽くします。

一、明るい社会を築くため、すべての人々と手を携え、犯罪や非行の予防に努めます。

一、常に研鑽に励み、人格識見の向上に努めます。

このような保護司法や保護司信条から、保護司の姿が浮かび上がってくるのではないでしょうか。全国四万七〇〇〇人の保護司は、自分の私生活を犠牲にし、対象者の改善更生に精魂を傾けておられます。イソップ物語の「北風と太陽」のように、傷ついた対象者のこころに温かい風を送って立ち直りを助けておられるのです。

更生保護の評価と展望

社会内処遇、あるいは非施設処遇を、拘禁処遇や自由刑の代替手段として用いようという動きが世界にはあり、犯罪の増加に対するダイバージョンとしての意味合いがあります。

しかし、我が国の矯正施設収容者はそんなに多いものではなく、人口一〇万人あたりの被収容者数はおよそ五〇人程度であり、諸外国と比べて極めて少ないです。我が国においては、ダイバージョンとして社会内処遇が位置付けられているのではなく、犯罪者の更生と円滑な社会復帰には社会内処遇が必要であるという考え方があると思われます。

先進諸国が犯罪の多発化に悩んでいる中、日本は比較的犯罪が少ない現状にあります。我が国の殺人の発生率は、先進諸国の五分の一程度です。我が国の犯罪が少ない要因として、周りを海で囲まれた島国であるという地理的・自然的条件、あるいは単一言語という社会的条件などが指摘されるとこ

ろですが、それらに加えて、刑事司法における公衆参与、官民協働態勢も大きな要因であり、特に社会内処遇において著しいと考えます。

それはとりもなおさず、一度は犯罪者を社会から区別し、異化しながらも「罪を憎んで人を憎まず」と言われる精神性があり、差別、隔離、排除ではなく、社会に再統合しよう、温かく受け入れようという社会的包摂（ソーシャルインクルージョン social inclusion）あるいは、リーエントリー（re-entry）の考え方があるということではないでしょうか。そこには「人は変われる」という可塑性に対する信頼があり、犯罪は地域の問題であり、地域社会全体で犯罪に取り組もうとする国民の意識が、保護司を始めとするボランティアの参加、協力を得ることにつながっているのではないでしょうか。

犯罪者の立ち直りに参加し協力する、保護司を始めとするボランティアの存在は、社会内処遇を支える地域社会の「チカラ」であり、犯罪者と地域社会との架け橋の役割を果たしています。

しかしながら、我が国においても、次第に、心の貧しさ、人間関係の希薄化が指摘され、孤独死、児童虐待の増加などが指摘されています。社会的に孤独な人も包摂し、一人ひとりが人間として尊重され、生き甲斐をもって生きられる社会、生かされて生きていると皆が感じ、感謝できる社会、生きづらさを抱えた人を誰一人取り残すことなく息の長い支援を行う社会の実現に向けて、保護司を始めとする更生保護関係者の役割はますます増大しているといえましょう。

本章の内容は、保護司みらい研究所第六回全体会（二〇二三年一一月一九日）における研究報告「保護司制度の歴史的発展を考察する――保護司制度の沿革、歴史を紐解き、日本の保護司制度の源流と意義を考える」をもとに再構成したものです。

第Ⅱ部　応援のコミュニティを創る

第4章　地域共生社会の実現にむけて

原田正樹

司法と福祉のつながり

私自身にとって、司法行政の分野との関わりは、二〇一三（平成二五）年に社会貢献活動に関する法務省での検討会に参加させていただいたことがきっかけです。そのときの座長は藤本哲也先生でした。当時は社会奉仕命令、ボランティアオーダーという議論があったのですが、地域福祉の視点からすれば、それはおかしいんじゃないかという批判が、特にボランティア団体から非常に大きな意見としてありました。つまり、何か悪いことしたらボランティアをさせられるみたいな形になると、自発性や主体性といったボランティアの本質そのものが歪められてしまうのではないかという意見です。むしろ地域住民としての責務を果たすというコミュニティオーダーとして、社会貢献活動をしっかりやっていく必要があるし、その際には、活動して終わりではなく、そのあとにリフレクション（省察）という方法を丁寧に用いることで、より効果的な学びの活動になっていくのではないかという議論をしました。罪を犯した人たちのことを地域福祉の視点から考えるきっかけになりました。

その後、二〇一八（平成三〇）年に名古屋市の再犯防止推進モデル事業の検討会の座長をさせていただきました。この時に再犯防止と地域福祉のあり方について本格的に考えさせていただく機会になりました。特にその入口支援、伴走型支援、支援のコーディネーターとその仕組みの必要性について、具体的な支援事例を通して関係者の皆さんと検討しました。実はこのきっかけというのは、当時名古屋高等検察庁におられた林眞琴先生から、ぜひ名古屋でやるから協力するようにということで機会をいただきました。

先生が名古屋におられた頃、地方自治体にどういう形でこの再犯防止を位置づけていったらいいだろうかという議論をさせていただきました。地方自治体の中で、再犯防止を位置づけていくときに、ひとつの可能性として、行政計画である「地域福祉計画」の中にこの再犯防止の項目を取り入れることで、地域福祉、地方自治体と司法の支援をつなげられるのではないかというヒントを教えていただきました。

社会福祉法の改正によって地域福祉計画の位置づけが変わり、それに伴うガイドラインを編纂する委員長を仰せつかりました。その中で「保健医療、福祉等の支援を必要とする犯罪をした者等への社会復帰支援の在り方」が盛り込まれています。具体的には、地域福祉計画と再犯防止計画と関連させながら進めていこうということです。しかし現状では地方自治体で積極的に推進できているわけではありません。再犯防止の担当部署を決めるだけでも大変な調整が必要だと聞きます。

また計画の担当者の方たちと話をすると、どこの自治体もこういった計画では必ず事業評価をしなければいけない。その事業評価の数値目標の設定が非常に難しくなる。再犯ゼロを目指すみたいな目標値を立ててしまうと、具体的な施策としては、施設に入所させるか四六時中監視するかみたいな施策しかなくなると言うんですね。そのような事業計画に落としていった時の目標設定のあり方もこれからの研究課題です。せっかく地域福祉計画の中で再犯防止計画と整合性を取ると言っても、その趣旨がまだ地方自治体にうまく伝わっていないのではないかという気がして仕方がありません。

林先生とそうしたお話をしていたときのことで忘れられないのが、「再犯防止という言葉がよくないかもしれない。福祉の人たちは再犯防止って使わなくていいんだ」というような話をされました。福祉の側が再犯防止という言い方をすると、再犯をどう止めるかということになってしまう。福祉の人たちは、犯罪をさせないことに目を向けるよりも、その人らしい生活をどう支えていくかという福祉本来の支援を丁寧にやってくれればいいんだ、というような話を林先生からお聞きしたことがとても印象に残っています。現在、全国社会福祉協議会会長の村木厚子先生は、罪に問われた障害のある人への支援をライフワークとされていますが、彼女が主宰されている「共生社会を創る愛の基金」の第一一回シンポジウムで、林先生に久しぶりにお目にかかりました。

村木厚子先生からは生活困窮者自立支援や地域共生社会について、いつも宿題をいただきます。先

原田正樹（はらだ・まさき）

日本福祉大学学長。日本福祉大学大学院社会福祉学研究科（博士（社会福祉学））。地域福祉，福祉教育が専門で，日本学術会議連携会員，日本地域福祉学会会長，日本福祉教育・ボランティア学習学会会長などを務め，2023年から現職。厚生労働省などの省庁や全国社会福祉協議会，地方自治体，NPOの多数の関連事業に関わる。日本更生保護協会評議員。『伴走型支援——新しい支援と社会のカタチ』（共著）（有斐閣，2021年）ほか著書多数。

生は、「地域共生社会の中には罪を犯した人は含まれているの？」とよくおっしゃいます。また、「福祉は三つのことに負けているのではないか」と言われます。三つとは、性風俗業、反社会的勢力、そして犯罪です。その人がそうした世界に陥る前に、福祉にはできること、やらなければならないことがある。ソーシャルワーカーや福祉の専門職、あるいは福祉の制度は、そうした人たちへもっとアプローチしていく必要があるのではないかと言われます。本当にその通りだと思います。社会福祉は、狭い分野だけの支援にとどまらず、こうしたニーズにもしっかりと応えていく必要があると思います。

伴走型支援ということ

私は今、村木先生や北九州でホームレス支援をしてきた奥田知志先生と一緒に、伴走型支援というこの考え方を、これから福祉の現場の中で広げていく、大事にしていく必要があるのではないかというアプローチをしております。

今まで社会福祉は、「具体的な課題解決を目指すアプローチ」に注力してきました。当然といえば当然ですが、対象者のニーズに対してどう課題解決していくかという支援です。ところが引きこもりの人や、ホームレスの人の支援の場合、なかなか相手は変わらない。委託する行政の方は一年後に就労できるように支援の目標を立てるように言ったとしても、実際に一年で引きこもりの状況が変われば何の苦労もしないわけです。あるいはホームレスの状態で、俺のことは放っておいてくれといったセルフネグレクト（自己放棄）のような人たちに対して、断られても断られても、関わりをつくろうとしていく中で、五年、一〇年経って変わることもあるそうです。ただ、一〇年経っても状況が変わらないときもある。そういう相手との関わりの中で、課題が解決できたか否かという指標だけだと現場がバーンアウトしてしまうのです。

実は、つながり続ける、つながっていること自体がすごく大事な支援なんだ、その状況は一見変わらないように見えても、そこに豊かな関係性があるというだけで、その支援、あるいは援助の質というのは変わっていく。この「つながり続けることを目指すアプローチ」、つまり伴走型支援が必要ではないか。課題解決だけがゴールなのではなく、そこに評価の軸を移してもいいのではないかという新しい考え方です。ただしこれは、課題解決型か、伴走型かの二者択一ということではありません。これら両方の歯車がうまく回らないといけないのです。

例えば、今までの民生委員の活動でも、何かその人の課題解決をしようとすると無理が生じます。でも民生委員がその人とつながっている、つながったということだけでも大事な支援なんだというのが伴走型支援の考え方です。一人で孤立させておくのではなく、つながり続けるという、そういう意味では保護司の方々のアプローチというのも伴走型支援に共通するところがあるのではないでしょうか。

地域共生社会を捉える五つの視点

地域共生社会をどんなふうに捉えていくか、この地域共生社会の枠組みについてお話しさせていただきます。

地域共生社会というのは五つの視点から整理できると思っております。一つ目は、「理念や哲学としての視点」です。地域共生社会について、厚生労働省で二〇一五（平成二七）年から本格的な議論が始まりました。その当時、特に障害者福祉の分野の方たちからは、今さら国は何を言っているんだということで、お叱りも含めてご意見がありました。それはどういうことかというと、障害者福祉の分野では、ノーマライゼーションという考え方が非常に大事にされてきました。ノーマルであること、当たり前の生活、普通の生活をすることは権利なんだ。これは一九八一（昭和五六）年の国際障害者年に日本に広く普及した考え方です。それからノーマライゼーションのことを「共生社会」としてきました。そこから数えたらもう四〇年も経っているんですね。だから、何を今さらという批判だったわけです。この点について今も福祉の現場で誤解がありまして、地域共生社会というのは、イコール共生社会ではないわけです。もちろんノーマライゼーションの考え方というのは基本的な基盤として大事な考え方ですが、地域共生社会ではケアリングコミュニティという新しい理念を掲げています。

　それから二つ目は「実践・運動としての視点」です。障害福祉の分野のみならず、現場の中で今までの縦割りを排して、地域の中にはもともといろいろな人たちがいるのに、なぜ制度は縦割りなんだろう、その縦割りを乗り越えていこうという実践が全国各地で行われてきています。その例として富山型デイがあります。この実践は三〇年の歴史のある取組ですが、こどももお年寄りも障害のある人も、みんな一緒に地域のデイにいるというデイサービスです。私が視察させていただいたとき、一人のお母さんが赤ちゃんを連れてきて「三〇分預かって」と言う。その赤ちゃんを抱っこして、ニコニコとあやしているのは認知症のあるおばあちゃんなんです。そのおばあちゃんと赤ちゃんの周りでかいがいしくお世話をしてくれているのは知的障害のある青年だったりする。

　そういう光景を見て、「なんて素敵な取組なんだろう、うちの町でもやりたい」ということで、視察した富山県以外の人たちが自分の自治体でもやろうとすると、行政から指導されます。児童施設と高齢者施設の玄関は別々にしなさいとか、トイレは共用しちゃいけないとか。住民の側からすればバカみたいなんですが。それは職員が悪いわけではなく、今までの縦割りの福祉の制度がそうなっているのです。地域共生社会というのはそこをどうやったら壊していけるかという、実践や運動の側面があります。

ただ、地域共生社会というのはあくまでも政策ですから、政策制度としての新しいセーフティネットを作っていこうという動きが、四つ目の「政策・制度としての視点」です。これがなぜ必要になったかというのは、言うまでもなく、三つ目の「社会構造の変化・福祉ニーズの変化の視点」の中で新しい政策が必要とされてきたからです。そこでは、二〇四〇年というのが一つのキーワードになっており、二〇四〇年に向けた新しい社会保障、社会福祉改革をしていかなければいけないという動きが背景にあるわけです。そして五つ目は「地域福祉の研究の蓄積」です。

地域共生社会の理念

社会福祉分野での基盤となる社会福祉法が二〇一七（平成二九）年、二〇二〇（令和二）年と矢継ぎ早に大きく改正され、地域共生社会の政策が進められてきました。今はその基盤をつくっている段階になります。

「ニッポン一億総活躍プラン」（二〇一六年）の中で、地域共生社会の考え方が示されています。すなわち、「支え手側と受け手側に分かれるのではなく、地域のあらゆる住民が役割を持ち支え合いながら自分らしく活躍できる地域コミュニティ」をつくるということで、これをケアリングコミュニティといいます。

例えば、「支え手側と受け手側に分かれるのではなく」という点は、社会福祉関係者が自分自身、今一度立ち止まって考えなければいけないとても厳しいテーマだと思っています。というのは、社会福祉の分野では、二〇〇〇（平成一二）年に社会福祉基礎構造改革を行い、介護保険などが導入されました。その際、市場化という中で、社会福祉における契約という仕組みに大きく変えました。それから二五年経った今、福祉の現場はどうなっているかというと、サービスの提供者と利用者という二者関係の構図の中で社会福祉サービスが動いている。今のサービスは、契約に基づく利用者だけを対象にしてしまっている現状があります。少し厳しい言い方になりますが、サービス至上主義になってしまい、市場化とともにそういう中で、自分たちのサービスの対象者しか、つまり自分の事業所のお客さんしか相手にしないみたいなことが起きている。制度の狭間とか、セルフネグレクトとかで契約に至らない人たちのことは見なくなってしまっている。対象者別の縦割りの制度が精緻につくられることによって、そのサービスの利用範囲が厳格化されていく中で、福祉関係者が制度の狭間をつくってきたのかもしれません。そうした反省も含めて、この「支え手側と受け手側に分かれるのではなく」というのは、単なるボランタリーな人間関係のことだけを言っているのではなく、社会福祉の構造自体も問われているのだと思っています。

しかもこのプランでは、次のところですごいことを言っています。「地域のあらゆる住民が役割を持てる」ようにしていこうというのです。「あらゆる住民」という中には、重度の障害がある人や認知症の人や、あるいは犯罪に問われている人たちもここに入ってくるんだろうと思いますが、そういう人たち一人ひとりが役割を持てるようにするということです。これは従前の憲法第二五条の生存権の保障、最低限度の生活の保障ではなくて、一人ひとりが役割を持てるというのは、正に自己実現を含めた憲法第一三条の幸福の追求権も含めながら、あらゆる住民が役割を持てるような社会をつくるという高い理念を掲げているのです。

人として「役割」のあることの大切さ

「あらゆる住民が役割を持てる」ということを考えるとき、長谷川和夫先生のことを思い出します。日本で認知症ケアを牽引されてきたドクターです。皆さんが認知症を心配されたとき、病院に行って最初に検査を受けるときに、今日は何曜日ですかとか、一〇〇から七引いてくださいとか簡単な検査がありますが、それが長谷川式スケールです。これを開発された長谷川先生が二〇二一（令和三）年にお亡くなりになったのですが、その四年前に、ご自身が認知症を発症されています。

すごい先生だなと尊敬するのは、認知症と診断された後、ＮＨＫのカメラを自宅に入れて、自分の認知症が進行していく様をドキュメントで記録されました（ＮＨＫスペシャル「認知症の第一人者が認知症になった」二〇二〇年一月一一日放送）。その過程をつまびらかにすることで認知症ケアに役立ててほしいと言われたそうです。長谷川先生は、自分が当事者になって初めて分かったことがある、それは役割の大切さだと言われています。自分が認知症だということをカミングアウトした後、まず社会的な役割がなくなり、やがて家族の中、家の中からも役割がなくなっていく。長谷川先生は、人として、役割がなくなるということはどれだけ寂しいことなのか、どれほどつらいことなのか、このことを当事者になって初めて自分は気がついたとおっしゃっています。地域共生社会というのは、正にこうした、一人ひとりが役割を持ち、お互いに支え合うことができるケアリングコミュニティをどうつくっていくかということを大切にした理念です。

ケアリングコミュニティと自立

このケアリングコミュニティということを突き詰めていきますと、自立の概念の見直しというところにもつながってきます。支える・支えられるという一方的な関係ではなく、お互いに支え合うことができるケアリングコミュニティをつくっていこうとしたときに大事な自立観は、「関係性を大切にした自立観」です。このことを東京大学の熊谷晋一郎先生は「自立とは依存先を増やすこと」と言っています。熊谷先生には脳性麻痺の障害があります。彼曰く、困ったときに相談できる人たちがたくさんいる、いざというときに助けてくれる人たちがたくさんいる、そうした社会の方が自立は豊かになるというのです。今まで福祉の分野では、自立というのは人の援助を受けない、制度・サービスを利用せずに自分の力で生きていけることが自立であり、そのために自立を助長して、自立できるように支援をしていくという自立観がありました。

振り返りますと、福祉の分野では自立という概念を非常に重視してきました。終戦直後、旧生活保護法や身体障害者福祉法の中にも自立という言葉が出てきています。当初の自立はとてもシンプルで、身辺的自立と経済的自立の二つでした。誰かに「依存」するのではなく、自分の力で「自立」できるようにするという考え方です。それが大きく変わるのが一九八〇年代です。先ほど一九八一（昭和五六）年の国際障害者年とノーマライゼーションの話をしましたが、ノーマライゼーションでは自己選択・自己決定という考え方が強く打ち出されました。どんなに重度の障害がある人でも、自分で選んで決めていくということが自立なんだ、そういう中から社会的自立とか精神的自立という自立観が一九八〇年代に広がります。八〇年代、九〇年代は、自立という考え方を拡張して豊かな自立観が求められたのです。

さらに二〇〇〇（平成一二）年前後に、また自立を見直す動きが出てきます。福祉関係の法律には、自立という言葉がつく法律がたくさんあるのですが、そういう中にあって、「自立、自立といっても人間はそんなに強い存在なのか」という問い直しが生じます。

当時はポストモダンといった影響もあり、人間の存在の弱さみたいなものをそのまま受け止めてもいいのではないかという論調が出てきます。弱さを克服するというのではなく、弱い存在であることを認め合い、そうした存在であることから社会を見直す。具体的には「助けてと言える」とか、「安心してＳＯＳが出せる」とか、あるいは三・一一のときには「受援力」という言葉が東北の被災地の皆さんから発せられました。本当にしんどいときには、援助を受けられる力が必要なんだというのです。私たち日本人は我慢をしてしまう、弱みを人に見せられない、もしかしたら専門職ほどそうした傾向があるかもしれません。自立は個人の中で完結するのではなく、他者との関係の中で自立を捉え直そうという新しい考え方です。

これは実は日本だけではなく、ソーシャルワークの議論の中では、インターディペンデンス（interdependence）という考え方が重要視されています。インターディペンデンスというのは「関係性の中で自立を捉える」という視点です。これを熊谷先生は「依存先を増やすこと」と非常に分かりやすく表現されたのです。インターディペンデンスについてはまだ定訳がありません。心理学の分野では「依存的自立」と訳しています。ただ依存的自立というと、ソーシャルワークの分野では共依存との違いが分かりにくいということがあります。そこで私は今、これを「相互実現的自立」と考えています。大事なのは「相互実現」という考え方です。

「相互実現」という着想

この相互実現というのは、木谷宜弘先生が使い始めた言葉で、ボランティアの世界では古くから使われてきました。木谷先生というのは日本でボランティア活動の普及にご尽力されたお一人です。生前の木谷先生に「ボランティアって何ですか」と聞くと、「相互実現の途だ」と答えられました。ボランティアというカタカナ言葉の意味がよく分からなくて質問するのに、「相互実現の途」って言われるとますます分からなくなって、なんだか禅問答みたいなことをしていました。

ただその意図していることはシンプルでした。地域にはボランティア活動を一〇年、二〇年と長く続けられている方々がいます。もしかしたら保護司の方々も同じかもしれませんが、長年にわたってボランティア活動をされてきた方に、長く活動されてきた理由について質問しますと、多くの方が、最初は何か人のため、社会のために役立ちたいと思って始めたけれど、「やればやるほど私自身の生活・生き方が豊かになった」、あるいは「私自身が変わった」という言い方をされるんです。その方が謙虚なお人柄ということもあろうかと思いますが、多くの方がそうおっしゃるのには、誰かのためにと思って始めた一方通行の関わりも、活動を通して双方向の関係に変わっていき、活動を通していろいろな気づきが自分自身にフィードバックされてくる。それは賃金や報酬ではないのです。双方向の関係性、そこに意義を見出されているのです。

この相互実現というのは、お互いによりよく生きる道であり、一人だけの自己実現ではないのです。そういう意味ではマズローがいう自己実現よりももっと高尚だと思います。相互実現という考え方が、ケアリングコミュニティを考えていくための重要な鍵概念になっていきます。先ほどの自立の話の中で「相互実現的自立」と表現したのは、このような理由からです。こういう世界観みたいなものをこれから日本の中でどうつくっていくか。ここまでが地域共生社会の理念のご紹介でした。

少子高齢・人口減少社会と二〇二五年問題・二〇四〇年問題

もちろん理念だけで政策ができるわけではありません。なぜ今その地域共生社会政策を始めなければならなかったかという社会構造の変化についても見ておく必要があります。

そこで、人口減少社会、二〇四〇年に向けてどういう社会保障、社会福祉の新しい仕組みをつくるのかというのがテーマになってきます。

二〇四〇年問題とは何か、今まで福祉の分野では二〇二五年問題ということを議論してきました。これは団塊の世代が七五歳以上になる年です。七五歳以上が増えると何が大変かというと、後期高齢者になりますと約三割が寝たきりや認知症で要介護になります。地域によって多少異なりますが、要介護の出現率は約三割です。団塊の世代が七五歳以上になって要介護者が急増したとき、それを支えるだけの社会資源が足りないというのが、マスコミが言うところの二〇二五年問題ですが、今日はそのことについて少し深掘りします。

団塊の世代の方たちが平均余命の八五歳まで生きたとします。つまり二〇三五年まではその社会資源が足りないという状況は確かに続くんですが、二〇三五年頃から日本は多死社会を迎えます。つまり、たくさんの方が亡くなる時期が二〇三五年頃です。すると何が起こるかというと、つくりすぎた社会資源、つまり老人ホームや在宅福祉サービスは余ってくるかもしれない。ここが今、福祉の分野で一番悩ましいところです。二〇二五年問題とは何かを一言で言えば、二〇二五年から二〇三五年の一〇年間をどう乗り越えるのかということですが、二〇三五年以降は状況が一変します。そのために市町村ごとに地域包括ケアシステムを構築しようと取り組んできました。

今、二〇二五年問題についてお話をしましたが、ただ、団塊の世代には同じ数のこどもがいます。もちろん同居していない、離れたところに暮らしている、中には海外で暮らしている人もいるかもしれない。でも団塊の世代には、統計上ですが家族がいるのです。離れていても「父ちゃん元気か」「お母さん大丈夫」と案ずるこどもたちがいるのが団塊の世代です。

ところが団塊の世代のジュニアの場合は、ジュニアのジュニアがいないのです。もしいれば、三〇代のところに本当は三つ目の山ができていて、さらに二〇二五年には四つ目の山としてベビーブームがまた来るだろう。そう考えられていたのが、一九七〇（昭和四五）年です。日本がいよいよ高齢化社会に突入したという一九七〇（昭和四五）年なんですが、その当時の社会保障改革の中では、高齢化社会は大変だと言われつつも、順繰りに若い人たちがこどもを産むことを前提に社会保障改革がなされていたんですね。これがそうならなかった現代、全世代型社会保障という形で社会保障そのもののパラダイムを抜本的に変えなくてはならなくなったわけです。

話を戻しますが、二〇四〇年問題というのは、団塊の世代のジュニアが六五歳になるのが二〇四〇年で、このときに明らかに変わるのは、家族がない単身世帯が圧倒的に増えるということです。自治体によっては半数以上が単身世帯というところが出てくる。「あなた家族といるの？　今どき珍しいね」、そう言われるような地域社会となっているかもしれません。日本の福祉制度は、良し悪しは別として世帯や家族を単位に考えてきました。これが成り立たなくなる二〇四〇年になったとき、今までの家族機能をどこがどう果たしていくか。家族というのはもちろん良い面、悪い面がありますから、家族がいるのが全て良いというわけではありませんが、そういう中での社会保障のあり方、新しい仕組みを考えていかなければいけないという状況が迫ってきています。地域共生社会という政策には、新しい社会保障、あるいはセーフティネットをつくろうという意図が背景にあります。

現代の福祉ニーズの変化

今度は目の前の福祉ニーズがどう変わってきているか、現場からの発信ということを見てまいります。

現在の仕組みで対応できているニーズとして、それぞれの分野ごとの窓口で相談・対応できるものがあります。例えば、保育のことで困っている、親が寝たきりになった、認知症になった、介護保険サービスを使いたいといったニーズが生じたとき、それぞれの窓口に行きます。どこに窓口があるかは知らなくても、ホームページで調べたり、どこかに相談すれば窓口を紹介してくれるので、専門職のアドバイスやサービスにつながっていける。難しく言っていますが、九割方の人はここに当てはまります。

一方、これまでと異なり、対応できていないニーズがどこの自治体でも少しずつ増えてきています。一つ目の「世帯の複合課題」には、八〇五〇、ダブルケア、ヤングケアラーなどの問題があります。これらはきっと、罪を犯した人たちの背景としての家庭環境の問題というところにも重なってくるでしょう。

二つ目は「制度の狭間」にあるニーズです。ゴミ屋敷に居住する人、長期の引きこもりの人などです。生活困窮の中で今大きな課題になっているものとして、軽度の発達障害の疑いなどがあります。学歴は高くて就職はしたけれど、三、四か月で退職してしまう。なんで辞めたのかと聞くと、上司がバカばっかりだ、みたいな言い方をする。学歴も高いので、最初のうちの転職はいいんですが、たとえばそれを繰り返すようなことになると、その間に多重債務で生活苦となり、生活困窮の窓口に相談に来る。相談員が丁寧に話をしていると、どうも発達障害の疑いがありそうだと気づく。でも疑いですから障害者サービスは使えませんし、何より本人にはその自覚もありません。じゃあどこがどう支援していくのかというと、今の制度ではどうにもならないことが多い。こういった、福祉の現場ではグレーのケースって言いますが、そのグレーの部分というのが今非常に増えてきています。しかし、先ほど言いました、二〇〇〇（平成一二）年以降、サービスという形になり、そこで当てはまるサービスがないとそのまま放置してしまうことになってしまいます。うちの管轄ではない、うちの業務ではない、そういう中から制度の狭間みたいなものが大きな課題になってくる中で、どうするかというのが課題です。

三つ目は「自ら相談に行く力がない」といったニーズです。象徴的なのはセルフネグレクト（自己放任）の人たちです。先ほど言いました、俺のことは放っておいてくれ、どうでもいい、あるいは、周りから見ると大変な状況であっても、本人や家族自身には困り感がないため、本人からはＳＯＳが出てこない。具体的な事例としては、一人暮らしの人が認知症になると、そのケースに当てはまります。自分では分からない。家族がいれば、お父さん変じゃない？みたいなことを言ってくれるんでしょうが、一人暮らしだとそれがわからない。二人暮らしでも、夫婦共に認知症が進み出すとそれがわからないんです。でも本人たちはそれが当たり前ですから、ＳＯＳが出ない。今の福祉制度は申請主義ですから、本人から申請が出なければ周りが手を出しにくいのです。

このような今日的なニーズに応えていくためには、これまでのような分野ごとに縦割りになった窓口だけではなく、市町村ごとに包括的支援体制という新しいセーフティネットを構築していく必要があるということです。今までの児童、障害、高齢といった分野別の福祉をそれぞれ拡充させるという施策ではなく、正に〇歳から一〇〇歳まで全ての人を網羅できるような新しいセーフティネットに張り替えていく。一朝一夕にはできませんが、こういう方向性で二〇四〇年に向けて社会保障・社会福祉の仕組みを変えていく必要があるのではないかということが、地域共生社会政策の背景となっています。

社会的孤立と「地域生活課題」

それからもう一つの大きな課題は、社会的孤立が非常に進んでいるということです。社会的孤立は、罪を犯した人たちの背景要因としても大きな問題だと思います。現在、厚生労働省ではなく内閣府が音頭を取りながらその対策が進められていますが、この問題にどうアプローチしていけばよいのか。二〇二四（令和六）年の四月から孤独・孤立対策法が施行されます。

特にコロナ禍の中で、こういう孤独・孤立の問題が顕在化、深刻化してきています。一〇代、二〇代の自死が非常に増えてきているなど、いろいろな問題がここに絡んできています。こうした孤独・孤立の問題は、更生保護の分野においても、「人と人とのつながり」に関する対策として密接に絡んでくるのではないかと思っています。

その上で、先の法改正で社会福祉法第四条第三項に「地域生活課題」という枠組みがつくられました。地域生活課題を把握し、連携して解決していくことがこれから必要だということが法的に位置づけられたわけですが、この地域生活課題について整理しておきたいと思います。

福祉サービスを必要とする地域住民と世帯が抱える地域生活課題には、三つのポイントがあります。①は、福祉、介護、介護予防、保険、医療、住まい、就労、教育に関する課題です。このうち前半部分は従前からありましたが、住まい、就労、教育の問題は法改正によって加わった新しいものです。とりわけ教育の問題と地域生活課題を一緒に考えるというのは、子どもの貧困の問題などを考えるとそうせざるを得ないという背景がありました。ただし、まだ司法との連携は含まれていません。そういう意味では、今後、地域生活課題と司法の問題というのは考えていかなければいけない一つのテーマかと思います。

②は、社会的孤立が地域生活課題として位置づけられたことです。③は社会参加の機会の確保が加わっています。こうした問題も包括的に捉えて地域生活課題とするというのが今回の大きなポイントです。

少し分かりにくいですが、①だけの場合、本人や家族に聞き取りをして、今何に困っているかを丁寧に聞けばアセスメントができます。従前の支援は①だけでした。今回、②や③が加わってきたのは、本人や家族の聞き取りだけでは、その人が地域社会でご近所との関係がどうなっているのか、孤立しているかどうかというのは見えてこないですし、あるいは社会参加が大事だといっても、地域の中に参加できる社会資源があるのかどうかあるいは偏見や差別、社会的排除はないかなどを把握する必要があります。つまり、②や③の課題を把握しようとすれば、本人や家族の聞き取りのみならず、地域のアセスメントが不可欠になります。本人、家族、地域の包括的なアセスメントをしっかりと社会福祉の分野でできるようにしようということが、この地域生活課題の中で意図されているわけです。

このように地域生活課題は包括的で複合的なものですから、一人のワーカーや一つの事業所だけで解決できるものではありません。そのため、連携して解決していくための仕組みが必要になります。それが社会福祉法第一〇六条の三に規定された地域包括支援体制です。市町村が「地域生活課題の解決に資する支援が包括的に提供される体制を整備するよう努める」ことが明記されました。

市町村の包括的支援体制のイメージ

「地域における住民主体の課題解決力強化・包括的な相談体制」の具体的なイメージを見ますと、上方に「より住民に身近な圏域」、下方に「市町村域等」のエリアに分けています。そして、上のエリアのところでは、地域の基盤づくりが大切で、まずは、「住民が主体的に地域課題を把握して解決を試みる体制づくり」を置いています。今までのように住民に丸投げでは地域は変わりませんし、地域の方も疲弊していますので、専門職と地域の人たちがキャッチボールをしながら基盤づくりを進めていくことが不可欠です。その次に、「住民が主体的に地域課題を把握して解決を試みる体制づくりを支援する」（傍点筆者）としています。今日のテーマと関連するかと思いますが、より住民に身近なところで丸ごといろいろなニーズを受け止めるアウトリーチをしっかり行う、すなわち、事務所で誰かが相談に来るを待つのではなく、より住民に身近なところへ専門職が出向いていって、そこのニーズキャッチを包括的にしていく仕組みをつくるということです。

それから、関係機関では、今までのような児童、障害、高齢という縦割りではなく、「市町村全域で全体が支える体制づくり」が目指されています。すなわち、福祉以外の機関も含めて一緒に関わっていくということで、その自立相談支援機関のネットワークの中には司法関係も入ってきます。さらに、医療的ケアを要する子ども、ＤＶ、刑務所出所者などへのスペシフィックな支援は、全て市町村

地域における住民主体の課題解決力強化・包括的な相談体制のイメージ

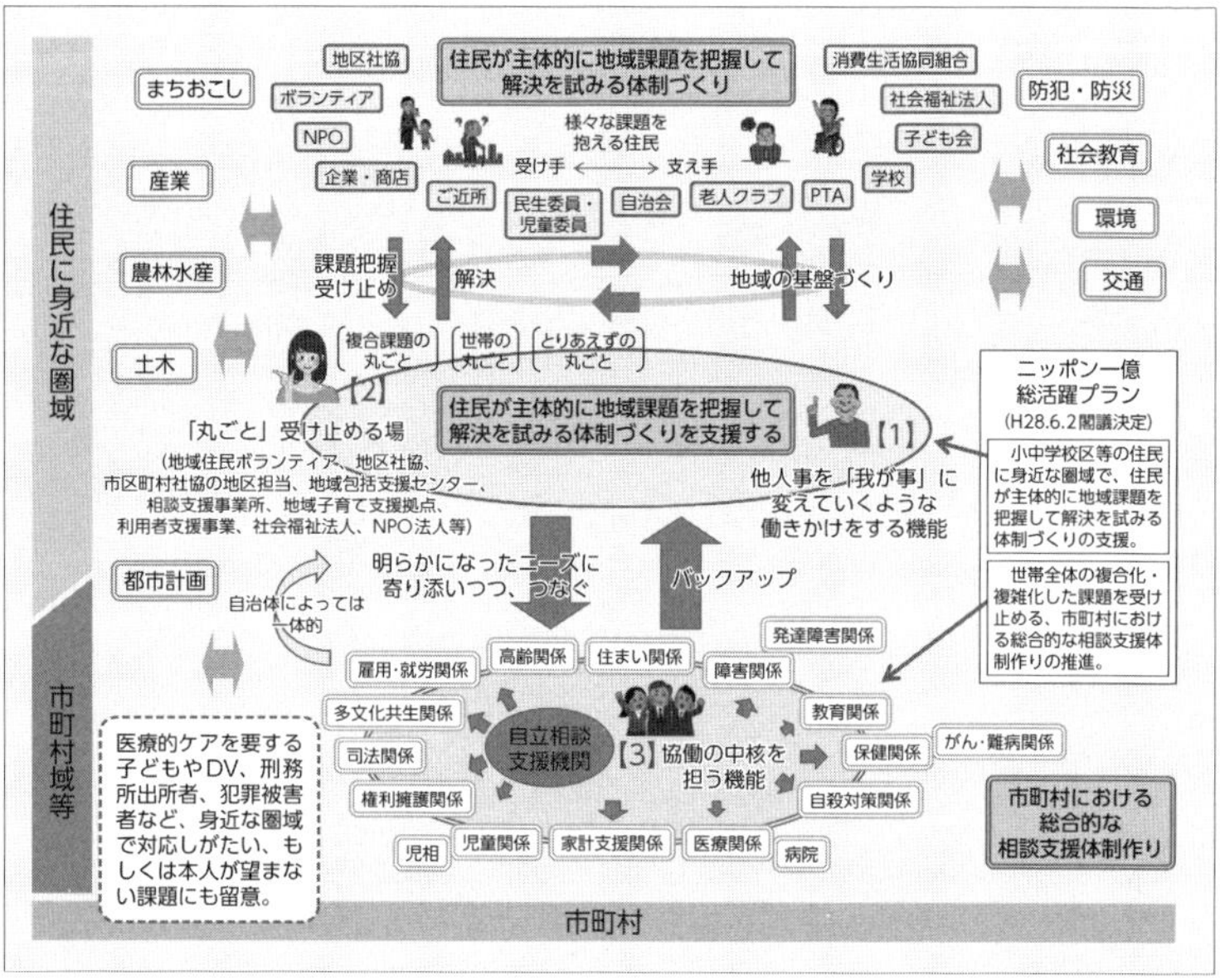

厚生労働省『平成30年版　厚生労働白書』2018年，220頁より。

の中で完結させるのではなくて、市町村域を超えた県域や広域でしっかりと支援できるようにしようというイメージです。

「丸ごと」というのはジェネリックな支援のことです。相談の入り口としては、生活の中で生じる様々な困りごとから始まります。丁寧に支援をしていく中で、より高次な支援をしていかなくてはいけないことも出てきます。社会福祉の援助を構造化し、包括的な支援体制をつくっていくというイメージがこのような形で示されています。

少し話がそれますが、このイメージの中での「防犯・防災」の取扱いです。防災に関して言えば、福祉部局だけのことではありません。自治体には防災課があります。先ほども触れたように、再犯防止計画を市町村の中でどの部局が所管しているかというと、必ずしも福祉部局ではなく、中には市民課や防犯安全課が再犯防止を所管するところもあったりします。その場合に、このイメージの中で再犯防止をどのように位置づけるのかという点は、市町村によって事情が違いますし、きちんとした合意が取れていないのが現状です。それゆえに連携が必要だと言ってもなかなか進んでいません。いずれにしろ、こういうネットワーク、システムを包括的支援体制として市町村ごとに整備していくことが重要です。

このようなイメージが、国からガイドライン（「社会福祉法に基づく市町村における包括的な支援体制の整備に関する指針」）として市町村に示されましたが、その中で、住民に身近な圏域における包括的支援体制として保護司の方々との連携が位置づけられています。丸ごと相談を受け止める場を整備するに当たり、特に地域生活課題の早期把握を進めるため、地域の関係者として、民生委員・児童委員だけでなく保護司等との連携の必要性が書かれています。

また国家資格である社会福祉士の養成カリキュラムに、二〇二一（令和三）年度から新カリキュラムが導入されていますが、旧カリキュラムにあった「更生保護制度」という科目が、今回新しく「刑事司法と福祉」という科目になり、必須科目として位置づけられました。二〇一九（平成三一・令和元）年に厚生労働省の検討会でこのことについて議論をしていくとき、更生保護というだけでは狭いかもしれない、社会福祉士として刑事司法全体をしっかり学んでおく必要があるだろうという議論をしました。背景には罪を犯した人たちの支援を司法と福祉がしっかり連携できるようにしようという意図がありました。

「包括」の多面的な意義

ここまでお話ししてきたように、「包括」というのがこの地域共生社会政策の一つのキーワードです。地域生活課題について説明したように、生活の全体性を捉える。福祉の分野だけではなく、その人たちの生活の全体性を捉える。と同時に、例えば、八〇歳の人であればその人が八〇年生きてきた継続性・連続性で捉える。また個人だけではなく、世帯を捉えるということが、今回強調されています。そうなればなるほど多職種連携という仕組みが必要になってきますし、専門職だけでは解決できませんので、地域住民との協働が不可欠になります。

さらに地域づくりという点からは、福祉分野だけで地域づくりができるわけではない。特に人口減少の過疎の地域を考えると、まさに様々な業界と連携していかなければいけないということで、防災・減災、住まいの居住政策、あるいは農福連携とか観光と福祉とか、いろいろな産業とのつながりみたいなところも出てきているわけです。まさに様々なレベルでの「包括」が重要になっています。

このように地域共生社会の実現にむけて、福祉政策が大きく変わってきたことを知っていただければと思います。

岡村理論の福祉コミュニティ

岡村重夫先生は、日本で初めて地域福祉論を提唱された研究者です。岡村理論として、福祉関係者の中では基本文献になっています。岡村先生は、地域住民をどう捉えるかという問題提起をされました。地域共生社会政策や包括的支援体制の話をしましたが、そうした体制の中で、地域住民をどう位置づけて捉えていくのか。その際に、地域住民を「主体」として捉えるのか、「資源」として捉えるのか。それによってアプローチの仕方も全然違ってきます。岡村先生は、地域住民を主体として捉える必要があるということを地域福祉論の固有性として強調されました。ところが最近の政策では、住民を「資源」とする捉え方が広がってきています。そうすると住民をどう「活用するか」という発想になってくるのです。

これは最近の福祉制度にも見られます。例えば、介護保険政策では明らかに住民を「資源」として捉えています。高齢者の居場所づくりだとか、見守りだとか、そういったときに、その地域住民を活用するという発想が出てきます。そうではなくて、主体として捉える。後で申しますが、民生委員をめぐってもこの議論は古くからあります。つまり民生委員というのは主体なのか、行政の補助協力機関なのか。それによって民生委員の方たちの研修の仕方だとか、位置づけというのが実は大きく違ってきます。

岡村先生の考え方による「福祉コミュニティ」論では、中心に本人がいます。よく言われる当事者主体という形で本人がいます。岡村理論の大きな特徴は、その本人の周りに（「共鳴者・代弁者」という言葉を彼は使っていますが）アドボケートする人が隣にいて、さらにその外縁に専門職がいる。それを「福祉コミュニティ」として構想しました。

これは一九七四（昭和四九）年のときの考え方です。当時、専門職は、岡村先生の「福祉コミュニティ」論を批判しました。本人の周りにいるのは専門職である我々だ。本人をアドボケートできるのは専門職なんだ、と。では共鳴者・代弁者とは誰のことを言うのか。岡村先生は、アドボケートできるのは市民だと言ったのです。市民こそが本人をアドボケートできるのであって、そこで初めて専門職と本人が対等な関係に立てる。つまり専門職と本人の二者関係において、どんなに専門職が職業倫理を大切にしても、対等な関係になることは難しい。専門職の方が圧倒的に権威も権力も持ちうるわけですから、そこに対抗するためには共鳴者・代弁者、つまり市民の力というのが必要なんだという視点です。本人の隣で、本人と共に生活をする隣人こそが代弁することができる。だからといって、その専門職に反発したり、専門職を排除しようということではなくて、専門職はそれを踏まえて「福祉コミュニティ」をつくっていく。

このより良い緊張関係をつくることがパターナリズムへの抵抗にもなるし、そのことが一般コミュニティと関わっていくところで封建的な地縁社会の民主化につながっていくという理屈で構想されています。保護司や民生委員は、まさに「共鳴者・代弁者」であってほしいと私は考えています。

民生委員制度の特徴

日本の民生委員は一〇〇年以上の歴史があります。近年で大きく制度が変わったのは、二〇〇〇（平成一二）年の民生委員法の改正です。このときに基本理念が「保護指導」から「住民の立場に立って相談し及び必要な援助を行う」という条文に改正されました。従前の名誉職から変えていこうという動きが背景にありました。

民生委員の選出は市町村ごとに設置される推薦会で行われます。この役割機能が民生委員を規定するときに非常に重要なファクターになります。推薦会という仕組みがあることによって民生委員の制度が維持できているというのも確かな部分だと思います。推薦会で民生委員を推薦するのですが、推薦会は法律で定められており、市町村長により現行の民生委員、行政職員や議員、福祉関係者などから委員が委嘱されます。

そうなりますと民生委員の中には、転居してきたばかりの人とか、若い人とか、ボランティア関係者はなかなか含まれにくくなります。地域の中で長年つきあいがあり信頼ができる人の中から推薦されていきます。よって新しい住民は民生委員になかなか推薦されないという現状もあります。それを変えなければならないという意見もありますが、民生委員の場合、悩ましいのが、やりたいという人が例外なく民生委員として適任かという議論も必ず出てきます。具体的に言えば、宗教活動で布教をしたいとか、政治活動のためにやりたいとか、あるいは商売で営業したいとかいうような人が、民生委員をやりたいって自薦されたとしても、それは慎重に考えなければならない。どこかできちんと選考しないといけませんから、推薦会の持つ意味は大きいのです。そうしたことを踏まえて、どういう人を民生委員として推薦していくかが問われています。

民生委員は約二三万人いますが、担い手の高齢化の問題、あるいは多忙化、総じて担い手不足という課題があります。この課題は保護司も同じかもしれません。昔は三期やるというのが目安だったんですが、一期が三年ですが、今は半数以上が一期で交替されるそうです。結果として、地域にもよりますが、三年に一度半数以上が新しい民生委員に入れ替わっていることになります。そういう中での質の担保をどうするか、あるいは形の上では定年の目安もありますが、それを厳格化したらとてもなり手がいなくなるということで、高齢の方が担っているという状況も起こってきています。

民生委員を支える仕組み

もう一つ、民生委員制度が大事にしてきた一つに単位民児協という組織があります。民生委員・児童委員は、市町村の一定区域ごとに設置される民生委員児童委員協議会（民児協）に所属して活動していますが、これは法律に基づいていますので法定単位民児協と呼ばれます。そして、大きな規模での連合民児協があります。都道府県や市町村によって充足率には大きな違いがあります。

民児協には事務局機能がありますが、一言で言えば、それがしっかりしている自治体とそうでない自治体とで、民生委員への支援の仕方が大きく異なっているというのも現実です。この民児協の事務局は、行政が直接やっているところもあれば、社会福祉協議会に委託しているところもあります。ただ、多くの場合は兼務で、専任の動きがとれていないのが現状です。比較的、民生委員の活動が活発で、民生委員の改選のときに一〇〇パーセント充足できているというような地域の民児協は、やはりこの事務局機能が非常にしっかりしています。

事務局は何をしているかというと、研修と相談と調整がその役割ですが、民生委員からの相談に対して非常にうまくフォローができている、あるいは民生委員の希望や実態を踏まえて研修の企画ができている、関係機関との調整ができている、そういうことを考えるとき、民生委員の力だけでなく、民生委員を支える「仕組み」というところも影響があるのではないかと思っています。

三つの活動原則

民生委員には活動の三原則というものがあります。一つ目は「住民性の原則」です。先ほど言いました住民主体ということを大事にしようと原則の中で謳ってきています。民生委員自体も同じ住民としての立場を大事にするということです。このことは、行政や専門職の側も、民生委員を下請けとして活用するのではなく、住民性の原則ということを尊重しなければならないことを言っています。

二つ目に「継続性の原則」です。これは先ほど言いました伴走型支援とつながります。民生委員自身が課題解決をするのではなく、対象者と寄り添いながら伴走する、後任の民生委員への引き継ぎもあるわけですから、当然それを継続してやっていこうということです。

三つ目に、先ほど包括という話をしましたが、支援をする際の「包括・総合性の原則」というものです。この点で、民生委員にこういう包括や総合性といった専門性を求めるのかどうなのかという議論がよくされます。民生委員に過度な期待や役割を課していいのかという議論が出るのですが、これについて民生委員さんたちと話すと面白いことを言われます。包括とか総合性とか言っておきながら、行政職員や専門家の方がよっぽど縦割りじゃないか。たしかに民生委員は児童委員も兼ねていますから、まさに地域の〇歳から一〇〇歳、子育て支援から高齢者の介護のことまで全部把握しようとしている。私たちの方がよっぽど包括・総合性があって、専門職の方が縦割りで何もできていないじゃないかという意見をいただいたこともあります。

意見具申活動

最後に、民生委員法に基づく活動の基本には七つの働き（社会調査活動・相談活動・情報提供活動・連絡通報活動・調整活動・生活支援活動・意見具申活動）があるのですが、その中で、民生委員活動がその他のボランティア活動と大きく異なるのは、「意見具申活動」です。意見具申をする権限が民生委員にはしっかりあるという、ここの部分は一般のボランティアとは違うとても大事なところであり、つまりソーシャルアクションの働きが制度的に認められているということです。

これは実際の民生委員の先輩たちの歴史の中で、例えば一九七〇年代に、一人暮らし高齢者の調査を民生委員の方たちが行いました。その中で一人暮らし高齢者への支援のあり方が提言され、サービスが開発されてきました。あるいは八〇年代には生活福祉資金という制度ができましたが、これも民生委員の方たちが行った調査の結果により制度がつくられてきました。最近では、引きこもりだとか八〇五〇など、どこでどう把握していいかわからないといったときに、民生委員の方が全数調査をしてくださっています。活動の中でこういうことができているという意味で、この七つの働きの中の意見具申活動をしっかりと位置づけていく必要があるだろうと思っています。

先ほど一〇〇年の歴史と言いましたが、同様に長い歴史を持つ保護司の活動ですが、近年、保護司の方々が世界に目を向けておられることは、すごいことだと思っています。保護司の活動を世界に発信されている。民生委員の活動ももっと世界に発信してもいいのにと思います。一〇〇年前、日本の民生委員制度ができたときは、ドイツのエルバーフェルト制度が参考にされたと言われます。またイギリスのCOS（Charity Organzation Society：慈善組織協会）という仕組みを参考にシステムができてきた側面もあります。今、ドイツやイギリスの研究者からは、日本にはなぜ民生委員が残っているんだと不思議がられるわけです。もう先方にはそのような仕組みはないのですが、逆に海外の研究者の方が日本の民生委員に注目してくださっています。そういう意味では、保護司の方々と同じように、地域福祉の関係者も世界に目を向けていくということを大事にしなければいけないなと思っているところです。

地域共生社会の実現と司法と福祉の連携

本日、お話ししたように、地域共生社会を実現していくためには、制度やサービス、専門職による支援が不可欠です。それらが機能的に連携できるような体制（システム）の構築も必要です。ただしそれだけで地域共生社会が成立するわけではありません。
地域でケアリングコミュニティをつくり上げていくためには、私たちの意識や活動を盛り上げていくことも必要です。制度だけでは実現しないのです。保護司の活動、民生委員・児童委員の活動、ボランティア活動や市民活動など、地域住民による活動や実践が地域共生社会の基盤となります。ただその基盤が弱くなっているのも現実です。そこをどうしていくか、司法と福祉の関係者が一緒になって考えていくことが改めて必要だと思います。

本章のここまでの内容は、保護司みらい研究所第二回全体会（二〇二三年二月二五日）における講演「地域共生社会の実現に向けた保護司活動（民生委員活動）」をもとに再構成したものです。

鼎　談

保護司活動と地域づくり

原田正樹
今福章二
高橋有紀

罪を犯した人と包括的支援体制

高橋　我が事・丸ごとの「包括的支援体制」によって「地域共生社会」の実現が目指されていく中では、犯罪や非行をした人のことが明確に位置づけられていないように思います。これらの人も、様々な生きづらさの中で犯罪・非行に至っており、地域生活課題という点では重なるものが多いはずです。一方で、ただそれだけでは解消できないニーズもあるかもしれません。

このような「包括的支援体制」のイメージが順調に実現されていくと、住民自体による地域生活課題の発見や解決が進むこととなり、保護司の方々の地域活動はその役目を終えることになるのでしょうか。それとも、保護司のような人がいるからこういう地域ができていくという考え方が成り立つのでしょうか。地域共生社会の実現のために保護司が果たしている固有の役割について、どのように考えればよいでしょうか。

原田　地域共生社会というものを考えるとき、問題の捉え方を変えていく必要があると思っています。例えば、ゴミ屋敷に住んでいる人たちの支援をどうするかがこの一〇年ぐらい地域福祉の中では大きな課題になっていますが、ゴミに着目すると、そのゴミを誰が片付けるかという話になります。でもゴミ屋敷に住んでいる人に着目すると、なぜその人がゴミに囲まれた環境の中で住んでいるのかということで、実はいろいろな理由があることが見えてきます。ある人は、町内会の役員としてゴミの分別を率先してやってきたのですが、自分が認知症になりゴミの分別ができなくなった。ご本人は地域の方に迷惑をかけちゃいけないという強い責任感からゴミが捨てられなくなってしまったそうです。またある方は、連れ合いが亡くなった喪失感が強くて、もう何もする気になれず気がついたらゴミ屋敷になっていたそうです。あるいはその人に発達障害や精神障害があったり、といったように、人に着目するとそれぞれに理由があり、一人ひとりに合った支援をしないと解決できないことがわかってきます。例えばゴミ屋敷の対策法を作っても、支援の縦割りが解消されなければ、誰がゴミの片付けをするのかというだけの話になってしまい、肝心の人の支援になっていかないのです。

今、福祉の分野では、生きづらさを抱えた人という捉え方をして、様々な生きづらさの要因に対して、細かい分類ではなくソーシャルワークとしてしっかり支援していこうという方向に進みつつあり

高橋有紀（たかはし・ゆき）
福島大学行政政策学類地域政策と法コース准教授。一橋大学大学院法学研究科博士後期課程修了（博士（法学））。刑事政策・更生保護が専門で，日本更生保護学会理事，福島県再犯防止推進協議会会長などを務める。主要業績として，「『地域共生社会』は『最良の刑事政策』になり得るか」『犯罪社会学研究』46号（2021年），「『地方の時代』における再犯防止推進法と地域社会」『行政社会学研究』32巻１号（2019年）など。

ます。生きづらさを抱えた人というのは、正に地域生活課題を抱えた人と置き換えることができますが、その中に罪を犯した人も含まれるわけですから、同じように人に着目して捉えていくことが大事になります。

ただ一方で、罪を犯した人にどうアプローチし支援していくかということを考えると、何でも同じということにはなりません。それは障害であっても同じことです。障害がある人も、人としての支援は共通していても、障害特性については専門の支援が必要です。つまり地域共生社会というのは全てをゼロからつくり直すという発想ではありません。分野特有のものを全部壊して一つにしようという発想ではなく、それぞれの支援の固有性や特性というものを大事にしながら、ただそこに生じる課題だけに焦点化するのではなく、人を支えるというところにもう一度きちんと目を向けていかなければいけないということです。

それから更生保護に関して言えば、明治時代の取り組みを考えれば、福祉と一体となっていた部分がたくさんあるわけです。戦後の制度化の中でいろいろと細分化されてきましたが、明治時代の先達たちは社会事業家とか慈善事業家みたいなところから始めた。正に金原明善さんや愛知県でいくと榊原亀三郎さんがやられていたのは、困った人は全部、その中には犯罪をした人もいれば、孤児や困窮者、障害のある人たちもいた。今のように人を分類するのではなく、困った人たちをみんなで支援しようとしていた。そういう明治時代の動きみたいなところから学び直していくと、次の社会をどうつくっていったらいいかを考えるヒントが見えてくるのではないでしょうか。

今福　犯罪者という人がいるんじゃなくて生活者という人がいるんだという気づきを基本に据えながら、犯罪自体にとらわれ過ぎないで、人に着目する視点は大変重要だと思います。その上で、それぞれの障害特性に応じたアプローチや仕組みも必要になってくるのと同じように、罪を犯した刑務所出所者等について特有の特性と言えるものにきちんと対応する役割が保護司に期待されているものと思います。

学生時代に岡村重夫先生が書かれた本を読んだことがあるのですが、そこでは児童福祉や何々福祉と続き、最後の六本目ぐらいの柱に更生保護が単体で説明されていたのを覚えています。先ほど、福祉が対象とする生活課題の範囲が広がり、住居・就労・教育が新しい課題として入ってきたというお話がありましたが、刑務所出所者にとってみても立ち直りのキーポイントは、住居や、就労などの居場所、出番や役割、人に認められること、そしてつながる人がいるということだと思っており、福祉と更生保護は非常に重なる部分が多くなってきました。だからこそ、いろいろな意味で一緒にネットワークを組んでやっていかなくてはならない、そういう時代が来たということを実感します。そういう中にあって、罪を犯した人に対して、その特性的なものは何かということを理解し、受け止めようとする眼差しで関われる人というのが、保護司という存在であろうと思います。

例えば、イギリスに孤独孤立担当大臣が誕生した際の施策の中で、人と人をつなげていくリンクワーカーが正式に導入されたという話がありました。正にそれはこれまで保護司が固有の役割としてやってきたことと重なります。すなわち、つながりをつくるということ、その人が社会に戻るにあたって、本人と社会との間に入って関係性の橋渡しをしてあげるとか、保護観察を受けている人との関係性を出発点としながらいろいろな関係機関とのネットワークのハブとなるような働きをするということ。それらを専門家ではなく素人として行う点が保護司の大きな特徴だろうと思います。

先ほど原田先生が話された、専門家と本人の間にいる共鳴者・代弁者の位置を占めてきたのが保護司であり、だからこそその点を今後とも伸ばしていく必要があると思います。

罪を犯した人の生きづらさ

高橋　お二人から、犯罪だけに注目するのではなく、いろいろな生きづらさを抱えた中で犯罪をしてしまった人と捉えること、その人の人となりや生活を包括的に見ていくことが大切だというお話、その一方で、犯罪をしてしまったことから来る固有性や犯罪行動に至った固有の背景も無視してはならないというお話がありました。

そこで、この犯罪をしてしまったということから派生する生きづらさであったり難しさというのは、どんなところにあるとお考えでしょうか。

原田　市町村の行政職員の方と再犯防止の話をしている時に、職員の方からよく出てくるんですが、例えば犯罪を繰り返している人と言われると構えてしまうが、その人が認知症で万引きをしてしまったと事情が分かると、とたんにその人が抱え持つ生きづらさについて何とかしなきゃいけないねという話になる。しかし一方で、クレプトマニア（窃盗症）であるとか、あるいは放火癖があるとか、医療的ケアが必要なような人たちに対しては、それは市町村で本当に対応できるのかみたいな話が出てくるときがあるんですね。逆にそういったところへの支援だとかアドバイスみたいなものがないと、今までそういうところに関わったことがない人たちには、犯罪をしたということに対しての不安みたいなものが生じてくるのでしょう。

今福　犯罪の固有性と言いますか、そこに専門的なケアが必要だという部分が罪を犯した人の処遇の世界にはあると思うんです。福祉施設や病院でのプログラムがそのまま通用するかというと、やっぱりそこの目的に沿って開発されたものであるがゆえの限界があり、犯罪に焦点を当てた専門的なものが求められると思います。

一方、保護司に求められるものはそれではありません。では保護司には何が求められているかということですが、罪を犯した人と他の福祉対象者の共通項は共に「生活者」であり、「生きづらさ」を抱えているということだと思います。しかし、罪を犯した人の抱える生きづらさは複雑かつ深刻であり、人が全うに生きていくために必要な諸条件が満たされることなく、家庭、地域、学校、信頼できる人との関係から長期間排除された挙げ句の、生きるための術として罪を犯したとも言えるような状況を考えると、その一つ一つに共に向き合って考えていく存在が大変重要になってくると思うのです。さらに、この犯罪や非行をしたということ自体が生きづらさを深めてしまっています。社会的なレッテルを貼られ、通常の努力では受け入れてもらえない。同じ出発点に立てないでいる人たちを、通常の出発点のところに立てるようにどうやって支えられるかというところも課題になってくるように思います。

ただ、それには一方的に引き上げるということではなく、原田先生が話されたように伴走型支援が重要です。しかし、スタートラインに立てない人に伴走型支援をやるということ自体に大きなハードルがこの社会にはあるんですね。通常だったら近づきたくない、自分に累が及ぶなどと考え始めると、やはりそこに一歩も二歩も躊躇する気持ちが出てきがちです。そんな中で、踏みとどまって関わっていくところに保護司の固有性があり、その意義はとても大きいと感じています。

高橋　確かに福祉の現場にずっといて、犯罪をした人に会ったことがないというような人であると、困窮からやむを得ずした犯罪とか、認知症が関わった犯罪であれば入りやすいですが、そうではない性犯罪や放火の人については、病院に行ってもらった方がいいんじゃないかとか、法務省の人の方が詳しいんじゃないかなどと見られてしまうことがありますね。

一方で、保護司に求められるのはそういうことに関する専門性ではないとしますと、何がいちばん保護司の方がしてこられたことかと改めて考えてみると、やはり犯罪をした人に対する社会の偏見や社会から排除されやすいという部分、自分の罪の意識に苛まれる部分だとか自分はもうダメだっていうような感覚、そういう状況自体が一つの生きづらさになってしまうという部分、自分がしたことだと言われてしまえばそれまでですが、そうは言っても、自身のしてしまったことによってさらに深まった生きづらさ、さらに刑務所から出たとか少年院に行った前歴からくる生きづらさなどを理解した上で関わるということ、そこに辛抱強く寄り添うということが、正に保護司の方がしてこられたことと、その固有性ではないかと思います。普通だったらできれば関わりたくない人に辛抱強く関わっていく、それを引き受けてくれる人が社会に存在するということが、それこそ地域力といった意味ではすごく大きいところだと思います。

被害者支援と加害者支援

原田　それからもう一つ、罪を犯した人たちへの支援が必要なのは分かるけど、では被害者はどうするんだという話も必ず地域の中で出てきます。

犯罪をした人の支援を強調すればするほど、市民の中からは被害者の支援はどうするんだという話が出てくる。そこで、行政としてはその辺のバランスをどのように取るか、つまり再犯防止のところで犯罪をした人たちの支援だけを強調することは難しいというところで悩む。そのあたりどのようにお考えでしょうか。

今福　加害者支援と被害者支援をシーソーの両端に置くイメージのバランス論は必ず反応として出てくる難しい現実です。しかし、被害者は回復のニーズを持ち、加害者は社会復帰のニーズを持っていますから、本来は、それぞれが独立した支援を必要としていることを忘れてはいけないと思います。そのうち、加害者への支援は、新たな被害者を生まないという目標と重なりますし、加害者が罪と向き合うのを支えること、さらに言えば、加害者が被害者の回復に資するという責任を果たせるよう、それを支えるというところまで考えると、加害者支援は被害者支援にとってなくてはならないものということになるはずです。

加害者、被害者、潜在的加害者、潜在的被害者が全て生きていけるのが地域共生社会です。そこで、いろいろな課題を一人で抱え込むことは難しく、また適当でもありませんから、被害者についても、加害者についても、それぞれのニーズに専属的に関わってくれる人が別々にいる必要があると思います。その意味で、我が事・丸ごとの中に、両方のニーズが別々に明記されることは必須です。そして、今申し上げたような罪と向き合うのを支えるというアプローチは保護司にしかできないものだと思います。

高橋　私のゼミ生が卒論で再犯防止推進計画のことを取り上げ、県庁の方にお話を聞きに行ったのですが、そこでも市民からは「被害者が先じゃないの？」と思われてしまうと言われたそうです。一方で、私が福島県で犯罪者の再犯防止推進計画を作る委員長をしていた際、最初に県が出してきた案の中に被害者支援のことが書いてあったんです。しかし、それは何か違うんじゃないかなと、被害者支援は被害者支援で別の計画をつくるべきではないかと思いました。確かに両方ともその生活再建の部分であったり、経済的な部分であったり、似たニーズを抱えている部分はありますが、だからそれを一緒くたにしてお茶を濁すとか、被害者のこともやっていますからこの計画を認めてくださいという説明の仕方は違うんじゃないかと思いました。被害者の方もまた様々なニーズを抱えていますので、そこについてきちんとやっていくことが行政のあり方として必要です。そこで必要となる支援の内容に重なるものがあるとしても、やはりそれぞれの生きづらさに向き合っていくような態度が行政には必要だと思いました。

ところで、近年、社会福祉士の国家試験の科目がかつての「更生保護」から「刑事司法と福祉」になり授業のコマ数が増えたおかげで、更生保護を教えながら犯罪被害者支援や加害者家族に関する話もできるようになったのですが、そういった被害者や加害者家族のニーズといったものも、正に地域生活課題として、福祉の現場で働く人にも知ってほしいと思っています。どっちかをやったらもう一方はやらなくていいというものではなくて、正に地域生活課題の中にはいろいろな課題があることを福祉の側に対しても発信していく必要があると思っているところです。

保護司の地域力

高橋　ところで、保護司や民生委員は、その前身の司法保護委員や方面委員の時代から、専門家ではないからいいんだという側面が強調されてきたように思います。例えば、私が大学院生のときに方面委員のことについて調べた際、小河滋次郎などは、当時の言葉ですが、専門家が関わると、不具（今日の障害者）な方は不具になって、病者はますます病者になってしまうといった表現もされていました。

一方で、新しい地域包括支援体制の中では、コーディネート人材が求められていますし、イギリスのリンクワーカーやゴミ屋敷の関係で話題となったコミュニティソーシャルワーカーといった議論の中では総合的な専門人材が必要とされています。

今後は、これらをどのように両立させていけばよいか、その中で保護司の固有の存在意義をどのように考えていけばよいでしょうか。

原田　福祉の場合、専門職はすごく縦割りなんです。児童・障害・高齢の専門職、資格や研修制度もすごく細分化されていて、そういう資格を取っていないとその仕事ができないみたいになってしまっている。そこをどう横断的総合的にしていくかという観点から、専門職の養成や任用の問題も見直していく必要があると思います。

これからの時代はコミュニティソーシャルワークが基盤になっていくと思いますが、そうした高度な専門性と、保護司や民生委員、ボランティア、市民活動の部分というのは、いい意味で緊張関係を保たなければいけないと思っています。代弁者、共鳴者というアドボケートする人が市民の側にいてくれることが大事だと思います。その役割をしっかり作らないと、専門職によるパターナリズムに陥ってしまいがちです。専門職のやることが全ていいことだというわけではないという部分を作っていかなければいけない。そういう意味では市民後見人みたいなものはとても大事だと思うのですが、なかなか広がらない。

もう一つの議論は、そうは言っても市民の側にゆとりも余裕もなくなってきているという現状があり、活動者がいなくなってきた。そのため、インセンティブをどう作るかとなったとき、お金をそこに付与するみたいなやり方を介護保険制度ではやっているんです。ポイント制度だとかお金を渡せば住民の方たちはやってくれるんじゃないかと。多分に切実な問題で、そのぐらいやってくれる人がいないという中でやらざるを得ないんですが、それをしてしまうと住民を資源として活用するという話になってしまうのではないかと危惧しています。

今福　地域住民は「主体」なのか「資源」なのかという議論に関連して、これまでの更生保護の歴史の中での保護司の位置づけというのは、「補助・協力機関」とされてきました。しかし、保護司制度というのは住民を活用する「資源」じゃなくて、地域を創る「主体」なんだというふうに、我々の方が明確に定義し直さなければいけない時代になっているのではないでしょうか。

住民を「資源」として買い取って活用する発想ではなく、地域を創る「主体」として、その責任意識を喚起するあり方が求められると思います。そして、保護司は、様々な面を複雑に持つ「人」に対して徹底的に寄り添い、様々なサポートを呼び込む器になっていくことが求められるのではないかと思っています。そうした意味で、現にこれまで保護司が実際に果たしてこられた役割・機能は、言うなればコミュニティソーシャルワーカーのそれであり、さらに専門職と本人の間にいる代弁者・仲介者だということの意義に、もっと光を当てることが今後必要になると思っています。

高橋　更生保護法では、保護司は保護観察官では十分でないところを補うという書き方がされており、ともすれば保護司の存在意義は保護観察をする点に見いだされそうですが、その点だけが立派というよりも、地域と対象者をつないでいくというところにも改めて光を当てていくとか、保護司がいることで地域力が高まるという評価をしていくことが有意義であると思います。

保護司とは直接関係しないですが、更生保護施設についても、出所した人の一時的な住居という機能だけでなく、犯罪にまつわる生きづらさを抱えた人を支える拠点としての機能をもう少し充実させていこうという話が進んでいますが、同じように保護司の方がこれまでしてきたことというのは、その地域を作るといった観点で意義があったという見方をしていくことが重要だと改めて思ったところです。

ここで、他の研究員の皆さんからご質問をいただきたいと思います。

地域生活課題のために社会福祉法人が果たす役割

研究員　私は、もう少し司法と社会福祉法人とが連携していくべきではないかと考えています。地域共生社会の中で社会福祉法人はどういう役割を担っていくべきか、更生保護とか保護司制度に対して社会福祉法人はどのように関わっていくべきか。社会福祉法人は、組織として地域の中の利用者だけでなく地域全体を見ていかなければいけないと思うんですね。社会福祉法人には人的資源もハードもあるので、うまく使っていけばいいんじゃないかと感じているのですが、いかがでしょうか。

原田　地域共生社会の理念にある「支え手側と受け手側に分かれるのではなく」という点は、多分今の社会福祉法人のあり方そのものが問われていることだと思います。社会福祉法人は、サービスの提供者と利用者との関係性だけにとらわれてしまい、そもそも社会福祉法人とは何かという社会的使命がすごく薄らいできています。介護保険などを見ても、株式会社と競争していかなければいけないので、利用者に対しては非常に丁寧なサービスを充実させてきましたが、利用（契約）に至らない人とか地域の中にいる制度対象外の人たちに社会福祉法人はどれだけの目配りができていたかというと、基礎構造改革以降のこの二五年は十分ではなかったように思います。

これは社会福祉法人の地域における公益的な取組に関する法改正の背景とも重なってきますが、現在でも、それをやってもお金にならないし、人もつかないし、財源はどうするんだという反応の社会福祉法人がある中で、罪を犯した人たちに対して、本来社会福祉法人がどう支援をすべきかという問題意識はとても重要だと思います。また少しずつその気運が広がってきていることは重要だと思います。ただ、それにしてもまだ公益活動の範囲なのです。本来業務にはなっていない。社会福祉法人としての本来業務にどうこれを組み込んでいくか、そこの仕組みをどう作るかというのが次の課題かと思います。

研究員　更生保護や保護司制度との関係では、例えば、社会福祉法人の専門職が地域の中で保護司になるとか、社会福祉法人としてもっと何かできることがあるかという点はどうでしょうか。

原田　その辺の具体的なアイデアはないので、逆にどうすればいいかぜひ教えていただければと思います。社会福祉法人でもう一つ大きな課題になってくるのは、外国人の支援をどうするかという点です。

罪を犯した人の問題からは離れますが、今まで社会福祉法人は、地域にいる外国人の支援は自身の仕事ではないとしてきました。そういう意味では、地域の中で様々なニーズが顕在化してきたとき、社会福祉法人として、どのようにそういうところの支援に関わっていくか、その意味では地域の中には、それぞれに困ってる人たちはたくさんいて新しい課題がどんどん出てくる中で、対症療法のようなことではなく、もっと包括的な支援や、枠組みをつくり直す必要があるのではないかと思っています。

高橋　言われてみると、外国人の就学支援などはどうしてもＮＰＯ頼りになっていますね。そこを福祉の枠組みでどうしていくかということですね。三重県の再犯防止推進計画の中で、三重県には外国人労働者が多いせいか、罪を犯した外国人の支援のことが少し書かれていて興味深いと思いました。

先ほどのご質問の関係で、地域の中で保護司を担える人の余力がなくなっていった場合に、地域生活定着支援センターのような形で特定の社会福祉法人やＮＰＯ法人といった職能集団に業務委託するようなことを考えてもいいのかなと、私個人としては感じたりしました。女性や引きこもりの人に関する相談支援を行政が特定の団体に業務委託している例も多いと思いますので、それこそ我こそはという社会福祉法人の方に保護司の仕組みに関与してもらうというのは、選択肢としてはあり得ると思ったりしています。

今福　私は、どちらかというと保護司の業務を職能団体に委ねるというのはあまり考えにくいと思っているんです。今の議論でいくと、社会福祉法人は専門性の担い手です。今後、社会福祉法人としていろいろなことに関わってくだされば、支援ネットワークの中で絶対必要になる存在だと思ってはいますが、そこはやはり保護司とは代替できないもので、それよりも保護司が素人性を発揮していろいろな働きをする、それをどうやって専門家として支えるかというところにしっかりと社会福祉法人が座ってくださるような位置づけで構想していくのがいいのではないかと思っています。

高橋　お寺とかに業務委託してみる、例えば、住職の若い方などに、この地区はこの寺にお任せしますみたいなのはどうでしょうか。

今福　実質的には、そんなふうに、地域やお寺にみんなが集まるような関係の下で、つながりをつけたり寄り添ったりといった役割が果たされてきた歴史があるんじゃないかと思います。

得意分野を活かす

研究員　本人と専門家との間にいる人が大切で、その役割を保護司が担ってきたという部分、それは素人性を活かしながらできることであり、そこにやりがいを感じて定年まで長く続ける保護司も多いと思っています。

一方で、各保護司の得意分野、例えば、社会福祉の専門家とか、サイバー犯罪とか現代のＩＴを駆使した犯罪みたいなものに詳しく、それによって少年たちの言っていることがよくわかるといった強み、スキルなどの得意部分、さらに今までの担当案件の見える化などができると、保護司としてのやりがいもそうですし、対象者と伴走していく上でもすごく力になるのではと感じました。

民生委員について、昔は三期務めるのが目安だったと初めて知ったんですが、三期やれば逆に十分みたいな感じで常に新しい方へバトンタッチしていくような制度になっているのでしょうか。

原田　現在は三期もやってくださる方は少なくなって、多くは一期で代わってしまいます。逆に、長く務める方は本当に長いので、すごく二極化している。アンケートによると、大ベテランの方たちと一期の方たちとで、はっきりと違いが出てきています。

ただ今までは、一期で交代してしまうと地域のことも制度のこともわからなくて困るという意見が強くあったのですが、最近は、三年間しっかり地域のことや福祉のことを知っていただいて、民生委員のＯＢ会みたいなものを作るところが出てきたんです。民生委員としての活動を終えた後も、地域の中で活躍していただくような仕組みをつくるわけです。地域の支え合う層を厚くするという視点では参考になると思っています。

今福　先ほどのご質問にあったように、保護司はいろいろな得意分野や異なる人生経験をお持ちです。

ですから、いわば体系化された科学的な知識に基づく処遇のための専門性ではなくて、日頃培ってきた知恵が対象者との関係の中で存分に発揮されるという姿が一番理想として期待されているのではないかと思います。

もしそうなっていないのだとすれば、それはなぜかを考えていかなければいけないと思いました。

高橋　我が事・丸ごとに関する「一億総活躍プラン」との関係でいくと、各自の得意分野とか人生経験が活かせる一つの活動として保護司や民生委員があるということは有意義なことであると思います。何々の経験がないとなれませんとか、何々の資格がないとなれませんなどとしてしまうと、それがない人は詰まるところ活躍できないということにもなりかねませんので、その上で、一番得意なところとか一番自分の強みと思っているところがうまく発揮できるようなマッチングだとか仕組みづくりがとても大事ですね。

地域社会に伝える

研究員　対象者が犯罪や非行に至ったのはどうしてかをじっくり見極め、信頼関係を結ぶところから、保護司の活動は始まるんですね。しかし、その信頼関係を結ぶということが実は大変難しい。自分をかっこつけずにさらけ出して、上から目線ではなく、正に対象者と保護司が対等な立場で、人間対人間という気持ちで接することで、相手も分かってくれるようになってくると思います。

ただ保護観察期間中にそれができるかというと、これはなかなか難しいです。だけど、保護観察が終わった後でも、二〇年も三〇年も前のことで関わりを持った人がいまだに遊びに来てくれることもあります。やはり、更生というのは社会全体の問題なんですね。社会全体というのは人間一人ひとりの問題なんですが、地域社会の人たちにこの大切さをどう伝えていったらいいかというのが一番の悩みです。

これまで〝社会を明るくする運動〟を一生懸命進めてきましたが、一般市民がどのくらいこれに関心を寄せてくれているのかは、大きな問題です。地域社会に住む人々に関心を持ってもらい、協力を得られるようにするには一体どうしたらいいでしょうか。

保護司も民生・児童委員も高齢化が進み、やってくださる人も少なくなってきました。消防団員の場合なら一般の人もはっきり分かりますが、保護司の場合は、名前は聞いたことがあるけれど何をしている人なの？という感じです。

原田　社会貢献活動の検討会の関係で視察させていただいた際に、その社会貢献活動に寄り添う保護司の方々の活動を見せていただきました。本当にすごいなというか、プライバシーのぎりぎりのところで踏み込み過ぎず、でも本人たちに声かけをしながら、切手整理だとかいろいろな活動をされる中で、前向きな気持ちにさせる。忍耐というか、今言われた信頼関係をどう作っていくかということをずっとされていて、そういった保護司の方がいてくれるのは、正に地域の福祉力だと思いました。そういった活動をどのように継承し厚くしていくかということは大きな課題です。

保護司と民生委員・児童委員が日常の中でもっと連携する仕組みというのは、市町村単位ではとても重要だと思います。すでに合同の研修会をしたり、連携できている自治体もあります。地域福祉計画に再犯防止のことを取り入れている自治体の中では、地域福祉計画の策定委員に保護司に入っていただくところが出始めたんですね。そういう取組がもっと広がっていくと市町村レベルでの両者の交流がさらに進むのではないでしょうか。

再犯防止推進計画ですと、どうしても行政としては、再犯防止なので再犯をゼロにするという目標を立ててしまいがちですが、実際にはゼロにはならず、犯罪を繰り返してしまうということもあり得るわけです。でもいろいろな人たちと関わる経験をした後に再犯をした場合、最初に犯罪をしたときと比べると、その人に関わる人の厚みというのは全然違っているわけです。今度出所してきたときには相談できる人がいるとか、頼れる人がいる、つまり伴走型支援ということをどう評価するか、再犯を犯したからダメ、ではなくて、そういう人間関係や支えてくれる人たちが増えていることを質的にきちんと評価できるような、そういう仕組みをつくっていく必要があると思っています。

そういうことも含めて、正に保護司の皆さんがその人に寄り添っていくと、半年後一年後ではなく、二〇年、三〇年と経った後に、本人から何か連絡してくるというようなことというのは、もっと大事な評価の軸にしていかなければいけないと思います。

最後のご質問で、どうすれば地域社会を次第に変えていけるかという点ですが、私個人としては地域共生社会の本質的な要は教育だろうと思っています。教育のあり方、人を育む環境とか文化とか、そこを視野に入れて改革していかないと、法律、制度やサービスだけでは十分ではないだろうと思っています。

研究員　地方自治体の再犯防止推進計画の策定などに保護司や保護司会が深く関わるということはすごく大事なことです。それを通じて、地方自治体の皆さんにも保護司会の運営だとか保護司に対しての協力という形でお互いの交流が生まれてくることにもなります。

市町村レベルは、県レベルが動かないとなかなか進まないので、私も県庁に何度通ったかわかりません。そして県レベルができますと市町村レベルでの策定も一気に進み、おかげで自治体と保護司会、保護司の関係がかなり近くなってきています。そういうこともありますし、やはり保護司、保護司会がまず活動することで世間に知ってもらうという息の長いやり方でやるしかないと考えています。

本章の鼎談の内容は、保護司みらい研究所第二回全体会（二〇二三年三月二五日）における鼎談「保護司活動と地域づくり」をもとに再構成したものです。

コラム1

ポーラーベアーズからつながる更生支援ネットワーク

杉本啓二
早坂逸人
澤田弘志
（北海道・旭川）

一〇年ほど前になりますが、刑の一部執行猶予制度ができた際、主に薬物事犯者の受け入れ体制を整えるために、保護司会と保護観察所が中心になって道北物質使用障害研究会、通称ポーラーベアーズを立ち上げました。薬物依存症からの回復を目指し、松本俊彦先生が監修された集団療法ワークブック「SMARPP24」を活用したミーティング（回復支援セミナー）を月二回実施するほか、年二回の研修会などを行っています。

回復支援セミナーは、市販薬、大麻、アルコール、覚醒剤はもちろんのこと、大きくは依存症からの回復支援として実施しています。最近は、市販薬依存の参加者が増えています。また、二〇二三（令和五）年の法改正で新たに施用罪が設けられた大麻に関する相談もこれから増えてくるかもしれません。依存症からの回復を目指す参加者の中には、罪を犯した側面以外に、被害者という側面もあり、そこに対する精神的なケアが大事になってくるということを実感しているところです。

事件の全体の傾向を見ましても、最近は、統合失調症、依存症、その他の様々な精神障害、そして身体障害までを併せ持った対象者が多くなってきているように感じています。これまでは反抗的な生き方などを背景とする例が多かったのですが、それよりも精神障害や心の挫折などから罪を犯してしまう場合が増えてきて、我々としても少し方向転換をしていく必要があるように思います。例えば、トラウマや心のつくりなどの研修も重要になってきます。人に頼れず、物にしか頼れない病といわれる依存症については、「人と人が集えばコミュニケーションが生まれ居場所がつくれる」という考えの下にミー

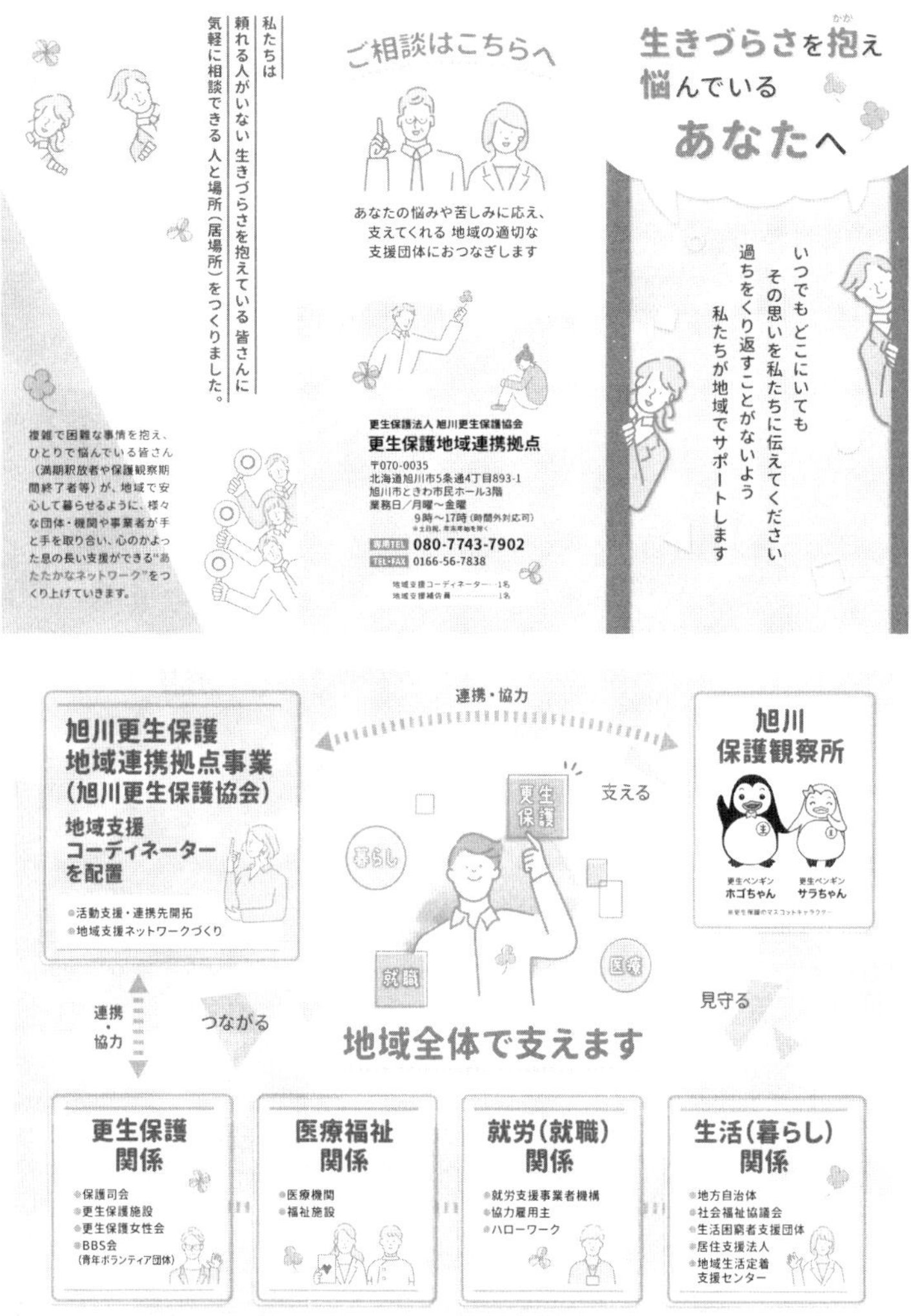

旭川更生保護地域連携拠点事業

ティングを重ねていくことも大切です。

保護司会では、更生保護女性会、更生保護協会、BBS会、就労支援事業者機構など更生保護関連諸団体の事務局を更生保護サポートセンターの中に置いてもらい、皆が一丸となって取り組める「更生保護地域連携拠点」を整えました。そこを中心に医療、精神保健福祉、社会福祉、就労等の関係機関、ダルクなどの関係者の協力を得て地域支援ネットワークを作り、就労、住居などの様々な支援をスムーズに実施するための相互支援システムを作ってきました。

そのようなネットワークを活用して、満期釈放者や刑を終えて数年経った人からの相談にも応じるなどの更生保護地域連携事業を始めています。例えば、満期釈放の人でも、普通の生活を過ごせるようになりなさいと激励するのではなく、精神科病院、カウンセリングルーム、社会福祉、就労の支援機関など必要な資源メニューにつなげていくことが、拠点事業の大きな目的の一つです。お陰様で、事業を進めていく中で様々な知識が次第に身に付き、成果につながってきています。一方、支援する際には、社会資源を活用することが大切ですが、まだまだ知らない、埋もれて、活用できていない社会資源が地域にたくさんあるということも分かってきました。

今後とも、このネットワークを広げることを通して、安全・安心な地域社会づくりを展開していきたいと思います。

本コラムの内容は、保護司みらい研究所第七回全体会（二〇二四年一月二一日）における「保護司との意見交換」での発表等をもとに再構成したものです。

コラム2

保護司の目線
――地域活動・保護司会活動を踏まえて

山元俊一
（東京・豊島）

豊島区保護司会の現在の活動には、特長が四点あります。

三者協定

一点目は、豊島区役所・保護観察所・豊島区保護司会の三者が二〇一七（平成二九）年に協定を結び、豊島区役所職員に役職指定で保護司になっていただいています。人生一〇〇年時代を迎えたこともあり、ご本人が希望すれば、区役所を退官された後も保護司として活躍できる仕組みとしました。子ども若者課に総合相談窓口「アシスとしま」ができ、警察、児童相談所なども入ったケースカンファレンスをした際、守秘義務の関係により、情報共有がうまく進まず、区役所の方に保護司になっていただけたらその壁が取れるんじゃないかと考えたことが、この協定を思いついたきっかけです。これまで五名が保護司に委嘱され、子ども若者課を離れても引き続き保護司としてご協力いただいています。保護司活動は区役所の協力なしにはできないところもあり、行政とのパイプを太くするという意味でも本協定は大変有効です。

Ｄａｙ ｂｙ Ｄａｙ豊島

二点目は、刑の一部執行猶予制度の施行をきっかけに、薬物再乱用防止プログラムが保護区でも行われるようになりましたが、豊島区の場合は、第二と第四の水曜日に、東京保護観察所の保護観察官、臨床心理士、そして関係団体の方が入り、そこに保護司会も連携しながら実施しています。霞が関にある東京保護観察所でも同様のプログラムが行われていますが、対象者からすると、霞が関に行くのはハードルが高いのに対し、池袋で実施されるプログラムの方は、ターミナル駅で仕事帰りにも寄れるし、親近感が持てて通いやすいと好評です。お菓子やお茶なども出して、和やかに話ができるような雰囲気をつくっています。

ケースを語る会

三点目は、保護司の経験不足を補うために、会員同士で処遇について研究する「ケースを語る会」を行っています。二〇二二（令和四）年七月から始め、毎回一〇名前後の参加があります。担当ケースについて話し合うことによって、いろいろな不安や困難を共有することができ、経験の伝承としても大きな意義があります。若手の保護司に心のゆとりを持たせ、準備ができるという面だけでなく、自分で経験したことを他人に話し、他人もいろいろな話をしてくれることによって、それが自分の経験にもなっていくという相乗作用があるように思います。

社会貢献活動への協力

四点目は、池袋の駅周り清掃活動を行っているNPO団体の責任者が保護司だったこともあり、連携が進み落書き消しの社会貢献活動が行われました。その結果、池袋駅のウイロードという東西通路はとてもきれいになり、芸術家の方に壁一面に絵を描いてもらって落書きができないような仕組みもできました。また、保護観察対象者も処遇活動の一環として社会貢献活動を命じられ、この駅前清掃に参加いたしております。

未来の保護司・素人性と熱意

保護司の将来像ですが、基本的に保護司は「素人」でいいと思います。保護司に委嘱されたときの保護観察所の研修で、基礎的な知識や心構え、保護司の原点や歴史についてしっかり理解してもらい、保護司会からは、その活動内容や他の保護司会等との付き合い方などについて学んでもらえばよいと思います。その上で、「社会貢献の熱意」が一人一人に求められます。これを先輩方から保護司の精神として承継し、保護司全員が持つことが、保護司制度が未来永劫続くためにはとても大切です。熱意は、英語で言えば「パッション

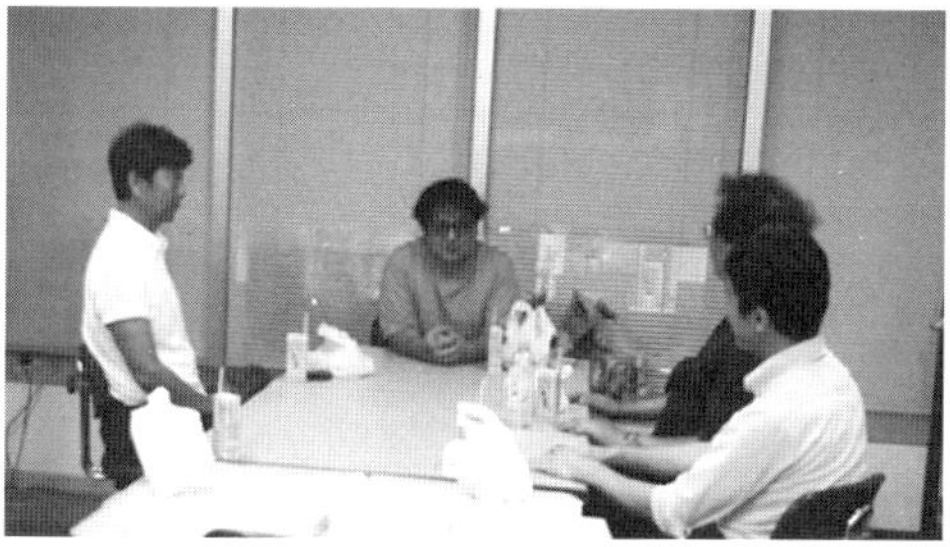

Day by Day 豊島の様子

（passion）」（情熱）と言い換えることができます。何か押し付けるような zeal や若干冷たい感じのする enthusiasm ではぴったりきません。

そうしますと、保護司の具備すべき四要件（保護司法第三条第一項）は、今の時代に合った見直しが必要になると思います。保護司としては、職務の遂行に必要な情熱を持ち、かつ（保護司会や対象者との）時間を共有することができるという点を要件として明確にすることが重要です。ここで熱意ということに関連して、一生懸命になり過ぎるのは控えるべきであり、ある面で、俯瞰して見ることや間を置いて見ることも大事になります。同時に、保護司の活動は絶対に相手を更生させるぞということではありません。罪を犯した者を、保護司が「根本的に快癒できる」わけはないのであって、むしろ、単なるおじさん、おばさんになりきり、対象者に寄り添うことが大切になるのではないでしょうか。

近年は、保護観察対象者の質が変わってきており、地方行政や医療などとの関わりも深まってきています。その中で、保護司は、よいおじさん、おばさんでありながら、それを取り巻く行政のことや、社会福祉法人や更生保護法人、専門分野との連携をどうとっていくかということについても考えていく必要が出てきます。また、いろいろ複雑な問題が生じてきており、面接で相手の話を聞くだけではなくて、保護司も相応の知識を持って対応していく必要が高まってきていると思います。

〝社会を明るくする運動〟と地域を活性化する役割

もう一点、現在の保護司は、保護観察対象者との面接はもちろん、犯罪予防活動や〝社会を明るくする運動〟といったことを通して、地域を活性化していく役割が求められるようになってきました。地域にどんどんアピールしていく姿の中に保護司の未来があるのではないでしょうか。

現在でも、保護司は、保護司以外にも町会長や民生委員をしたり、子ども食堂を運営したり、先ほど触れたＮＰＯとしての活動をしたりするなど、多様な役割を担っており、地域の保護司の場合は保護司だけという方はむしろ少ないのが現状です。ある分野の専門の方に保護司になっていただける場合は、その専門的知識を保護司活動にも生かしていただくことは大切ですが、一方で、やはり保護司には、地域にある様々な専門的な資源とネットワークを組んでいただき、協働しながら進むというあり方が重要になるのではないかと考えています。

そのネットワークということでいいますと、今後は総合的な地域ネットワークを構築する必要があります。また、そこで取り上げるべき問題もますます広がっていくように思われます。例えば、不登校の問題やヤングケアラー等の問題が一般化していますが、それは将来の犯罪や非行のきっかけとなり得る生きづらさの問題として見過ごすことはできません。

みんなで見る夢

最後に、今、豊島区では、ありがたいことに首長の方の更生保護に対する理解が篤く、サポートセンターや保護司会の運営に非常に協力的です。二〇二三（令和五）年二月に亡くなられた高野之夫前区長が「一人で見る夢は夢だけど、みんなで見る夢は夢ではない『正夢』になる」ということを常々話しておられました。

犯罪や非行がない社会というのは、一つの大きな夢ではありますが、みんなで見れば現実になるのではないかと、この言葉の重みを私自身ひしひしと感じています。

本コラムの内容は、保護司みらい研究所第六回全体会（二〇二三年一一月一九日）における発表「保護司活動の現状とこれからの保護司」をもとに再構成したものです。

コラム3

更生保護サポートセンターを拠点とする活動の展開

佐川　健
岡村幸子
伊藤伸一
（東京・大田）

二〇二一（令和三）年三月に大田区の再犯防止推進計画が策定され、ちょうど今折り返しのところです。大田区保護司会、大田区更生保護女性会、大田区BBS会、大田区桐友会、大田区保護観察協会、自立支援センターみんなの家、大田区社会福祉士会の七団体に、大田区役所の一〇部署が集まり、計画の円滑な実施について、年二回定期的に協議をしています。

地域活動においても、更生保護サポートセンターを起点に様々な活動を地域に展開しています。例えば、二〇一七（平成二九）年八月から、更生保護サポートセンターで、毎月第三土曜日に薬物回復プログラムを実施しています。プログラム終了後には食事をとりながらみんなで歓談するといった光景もよく見られます。二〇二三（令和五）年九月からは川崎ダルクの岡崎理事長にも協力者としてプログラムに参画していただいています。ほかに、精神障害をもった保護観察対象者がいる場合、その方のための支援者会議を三か月に一度開催しています。そのスタッフには、行政からケースワーカー、保健師、クリニックの看護師、相談支援員、グループホームの代表、施設運営責任者、社会福祉士など、多いときで一〇名前後が、今後の支援の進め方について話し合っています。

さらに、毎週金曜日に区役所の二階で副会長が更生保護相談を実施していますが、同時に「子ども相談」のPRもしており、研修を受けた子ども相談員がそこで対応しています。そして、サポートセンターに常駐する企画調整保護司が、一〇時から一六時までの間、区民のどなたからでも相談を受けられるようにしています。

地域には様々な支援を必要としている方が多いという印象ですので、今後は大田区の更生保護関係団体がワンストップのような形で対応していければと、いろいろ準備を進めているところです。

このように更生保護サポートセンターを積極的に活用しようとする発想には、ここが二〇〇八（平成二〇）年に全国に先駆けて設置されたサポートセンターであるということが関係しています。我々の先輩たちが、このような拠点をつくるために大田区に熱心に働き掛けをされ、また長年保護司もされていた松原前区長の保護司活動に対するご理解がとても深かったおかげで、今では、区本庁舎の更生保護相談室のほか、分室や区内一八の特別出張所すべてに保護司の面接場所が確保されるようになりました。昨今、自宅に対象者を招き入れて面談をすることが次第に難しくなってきました。我が保護司会には現員二〇九名のうち経験年数が七年未満の保護司が約八〇名おられますが、それぞれ仕事をお持ちで時間的な制約がある方が多く、このように住まいの近くの出張所で面接を行えるというのは大変便利だと好評です。

また、「若鮎の会」という親睦の会があります。保護司拝命から五年以内の方を「若鮎」と呼び、親睦会の対象としています。保護司になってから保護観察対象者を受け持つまでの期間は、それぞれに不安や悩みを抱えます。そのような新任保護司育成の取組として「分区の活性（つなげて繋がる心の支え・活動の意欲）」を掲げ、新任保護司を一人ぼっちにしない、させないことを趣旨に、当時総務部長でいらした幸保正子氏が提唱し現在も開催されています。ここに参加することで孤立することも少なくなり、保護司であることの魅力を感じ、保護司会活動に参加することも多くなりました。

更生保護サポートセンターの日常

退任を控えた先輩から説得される

ままに保護司になったという方も多いですが、最初は、保護司の役割とは何かというようなところからスタートし、その後いろいろ諸先輩方から教えをいただきながら保護司になっていくというところだと思います。すなわち、このような更生保護サポートセンターという存在が、保護司を育成する重要な拠点になるのではないでしょうか。そこで大田区では、三、一三、二三という三の付く日に「3《さん》カフェ」というものを設けて、どの保護司に来ていただいてもいいし、何か困っていることや悩んでいることがあれば、そこにいる先輩保護司に何でも相談できるという場を設けました。さらに、二〇二四（令和六）年からは、いつでもいらっしゃいということで、「いつでも3カフェ」としています。企画調整保護司が在席している一〇時から一六時までの月曜から金曜の時間帯は、誰でもいつでも、どんなことでも話しにいらしてください、心配事は何でも一緒になって考えますよ、という形で受け入れています。

本コラムの内容は、保護司みらい研究所第七回全体会（二〇二四年一月二一日）における「保護司との意見交換」での発表等をもとに再構成したものです。

コラム4

更生保護フォローアップ事業から滋賀KANAMEプロジェクトへ

平田敦之（滋賀・彦根）

〝社会を明るくする運動〟は、更生保護の原点の活動です。国民みんなが一緒に犯罪のない明るい社会をつくろう、犯罪をした人の更生を見守って立ち直りを支えていこう、そして、これから犯罪をするおそれのある人も何とか食い止めてもらおう、そういう運動の旗振り役は、保護司以外にいるでしょうか。たとえ崇高な意思を持った方が市民の中におられても、それが統一されなければ大きなうねりにはなりません。保護司、そして更生保護が一つの塊を成して旗振りをしていくことが大切ですし、それはボランティアという形だからこそ幅広い活動が可能になると思うのです。

更生保護フォローアップ事業

さて、保護観察終了後のフォローアップ支援について保護司の意見を聞きますと、滋賀県では約八九パーセントの皆さんが「必要」と回答されました。保護観察が解除された後も、困窮、家庭内トラブル、借金、病気など様々な生きづらさを抱え続ける事例を目の当たりにし、元対象者から相談を受けた経験をお持ちの方も相当数おられます。

そのような厳しい現実がその後の再犯の背景にあるのではないでしょうか。そこで、滋賀県更生保護事業協会及び保護司会連合会が県の委託を受け、再犯防止「滋賀・更生保護フォローアップ事業」の取組をスタートしました。これは、保護観察を終了する際に、今困っていることはないかを聞き、希望があればその後も継続的に支援するというものです。最初は時期尚早という意見もありましたが、二〇二三（令和五）年四月から一〇月末までの間に、七名に対して延べ三四回の相談支援が実施されました。

イエローライトアップ

イエローライトアップ作戦

イエローは〝社会を明るくする運動〟のシンボルカラーですが、いかにして県民に浸透させるか、いろいろ考えました。更生保護サポートセンターには、日々五、六人が出入りしているのですが、そこで、「例えば琵琶湖を入浴剤で黄色に染めれば、水が京都、淀川、そして大阪湾に流れていき、なんで黄色だ？という話であちこちで盛り上がるんじゃないか」「県を縦断する新幹線ドクターイエローのボディーに『ただ今社明強調月間中』と書いて走らせられないか」など冗談を言い合っています。そこから通常の会議や研修の場ではなかなか出てこないような斬新なアイデアも飛び出し、最終的な着地点として、市のランドマークである国宝彦根城ほか民間企業の社屋を黄色にライトアップすることが決まりました。このイエローライトアップ作戦は今も続けています。

更生保護パネル展

もちろんなぜ黄色かを分かってもらわなければいけないので、広報誌や市のホームページに記事を掲載したり、企業の食堂等でパネル展を行う活動などもしています。また、市のアンケート調査では、更生保護について知っている市民は全体の一九・二パーセントにとどまり、さらに若い方の場合はもっと低いことが分かりました。そのため、若い人たちにもっと更生保護の活動を知ってもらおうと、年間を通じて各所でパネル展を展開しています。

薬物乱用防止出前教室

コロナ禍は、これまでの活動を見直すいい機会になりました。参加者の真の関心は何か、発信したい情報が伝えたい相手に伝わっているのか、という反省から、学校で薬物乱用防止の授業を保護司が出前で行うというアイデアに辿りつきました。

学校はコマ数が足りないため、単に更生保護を説明したいとお願いしても時間をもらえません。ですので、県の薬物指導員にもなり、一五、六名の保護司がいつでも教壇に立てる準備をしておき、当日の授業では、薬物の話と一緒に、保護司、更生保護のマスコットキャラクターである更生ペンギン（ホゴちゃんとサラちゃん）、黄色の意味などについても話すことにしています。何とか学校に入り込もうという強い思いで始めてから四年間が過ぎましたが、その間に小中高大の約四三〇〇名の生徒さんに直接話すことができましたし、今後は市内の三大学のうち、残る二大学での実施も計画しています。

ＡＲ技術を用いた若者向け広報活動

若者をターゲットとする広報を考えますと、これまでのホームページなどはイメージが固く、若者自身からネット検索をしてくれるとはとても考えられないと感じ、二次元コードを使って若者たちにアクセスしてもらい、自ら情報を取得していく仕組みを作ろうということになりました。二次元コードから入っていただくと、ＡＲ（拡張現実）のホゴちゃんが動いて説明してくれます。

また、将来的には、どこのエリアでどれだけアクセスがあったかも統計的に分かるようにもなりますので、アクセス数の少ないエリアの学校や地域に対して積極的に広報活動を行うといったように、効率的な広報を進めていければと考えています。

AR（拡張現実）を用いた広報活動

更生保護関係ネットワーク協議会と四つのクラブ活動

現在、彦根保護区では、休眠預金活動助成金を活用して、更生保護関係ボランティアを集めたネットワーク協議会を立ち上げ、地域で生きづらさを抱えている方々を長期的に支援していく窓口を創ろうとしています。まずは、誰もが参加できる開かれた活動にし、その中に刑務所を出所した方も自然に入って来られるような形にできればと思っています。それに、私たち自身も犯罪者になる可能性は否定できないわけですので、私たちもそこに集う一般の方々も加害者にならないように支え合える活動となるよう心掛けていきたいと考えています。

具体的には、四つのクラブを立ち上げています。最初は、少年院経験者が指導するキックボクシングの無料体験教室で、Ｋくらぶといいます。KickboxingのＫで、家に寄り付かず夜の街を彷徨う子どもたちに、エネルギーの発散場所にしてもらおうと誘うのですが、そこでは、少年院経験のある青年が、少年院での経験や自らの反省すべき体験談を直接語って聞かせてくれるんですね。こうなると私たちの出番じゃないんです。非常に説得力があります。

次に、更生保護女性会に核となっていただいているFlower・Food・Friend の頭文字をとったFくらぶで、バラ、ヒマワリ、多肉植物などを一緒に育てることを通して、見知らぬ人とも仲良くなり、年齢や性別に関係なく、多くの人が自由に集える居場所となっています。

また、Cくらぶといって、中古の衣類を Change するシェアイベントを開いたりして、市民の皆さんと共に自由参加で実施してもらっています。

さらに、BBSが核となり、寺子屋活動を行うTくらぶがあります。そこでは更生保護施設の元入所者で教員経験のある方に学習指導をしてもらっています。

これらのクラブ活動は、年齢層別に焦点を当てた形になることも意識して進めています。例えば、キックボクシングでは青年や少年層、植栽活動では中年層や主婦層です。シェアイベントでは服は持ち帰り自由で、「子どもに服を買ってやりたかったけどもお金がない。でもこのイベントがあって助かった。これで万引きしなくて済んだ」というような人が一人でもいればいいなと思っています。

そして、すべての活動に、「団らんタイム」というのを必ず設けて、食事をしながらいろいろな話を聞く機会を持っています。生きづらさを抱えた方がおられれば、その思いを吐露していただいて、それをさりげなく相談機関につないでいこうじゃないかという活動です。

これらの活動を更生保護女性会やBBS会の人たちも本当に楽しんでやってくださっています。それがそれぞれの活動の活性化にもつながっているように思います。

滋賀KANAMEプロジェクト

活動に参加してくれた人からは、様々な悩み事や相談事が聞かれます。例えば、お金に困っているとか、薬をやめられないといった話も出てきます。しかし、このまま放っておくといずれ犯罪につながるかもしれないと思っても、専門的な機関ではない私たちがそれを解決するのは難しいということも分かってきました。そのためには、様々な組織が連携して関わり合うネットワークが必要であるため、現在、滋賀県下全保護区で地域ネットワークの構築を進めています。彦根保護区では、約六〇団体が参加する相談機関の交流会を開催し、各団体の強みや得意分野を互いに理解して、仮に担当者が代わっても継続的・恒常的に連携できるような仕組み作りを進めて

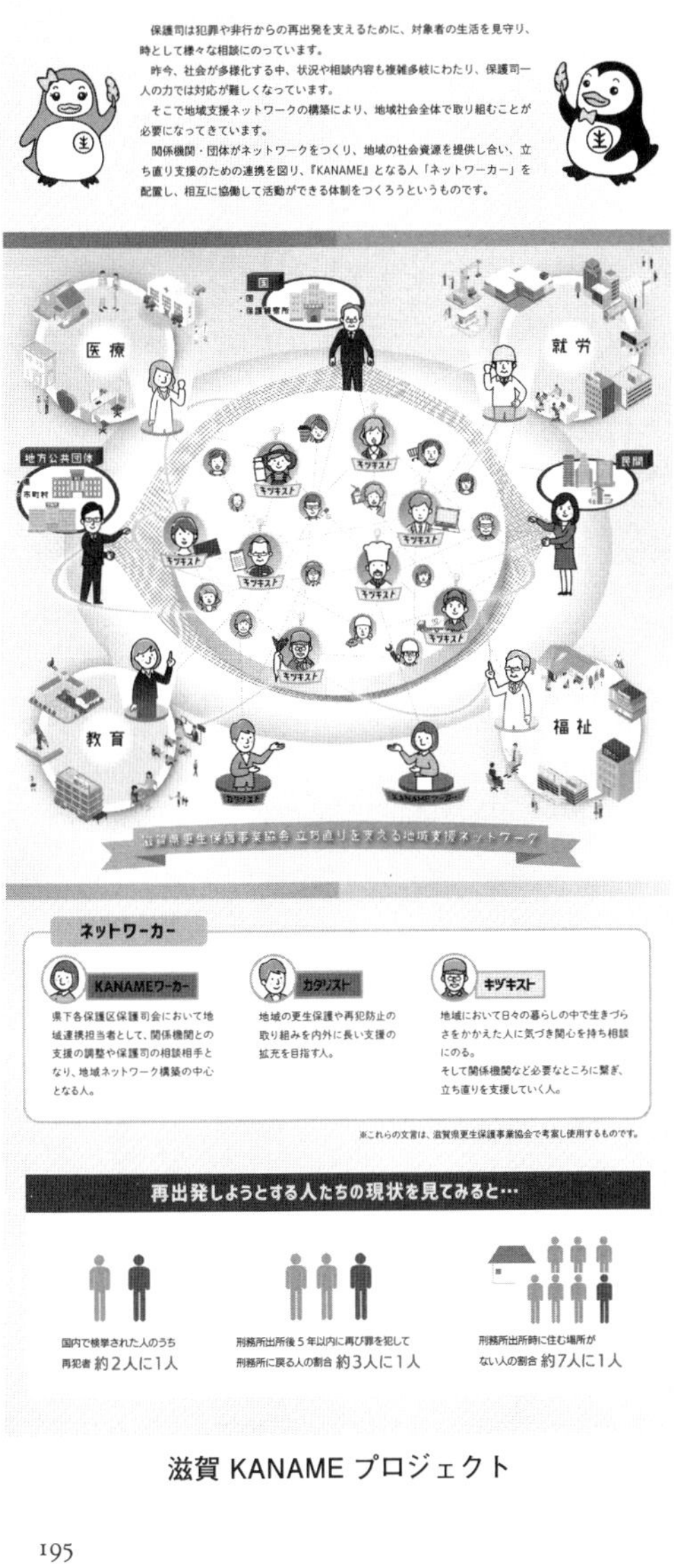

滋賀 KANAME プロジェクト

います。

当初、紙ベースで連携ファイルの作成を検討しましたが、その運用において内容の追加、更新、削除等を一元的に行い、異分野の相談機関窓口を瞬時に検索し、常に最新の連携先情報を提供できるように、ITを用いた「支援者のための支援システム」を構築し、全県レベルの運用に向け開発を進めています。

キックボクシングや寺子屋の活動のように、今まで支えられていた人が支える側になるという、真の意味での更生というものも実際に見てきましたが、これからの時代は、支援する側を支える仕組みというものも必要になってくると感じています。

若手保護司に活躍の舞台を

これからの保護司制度のことを考えますと、新任保護司やまだ経験の浅い保護司も、既に自身が持っているマネジメント力や発想力がもっと生かされるような組織作りが大切になると思います。このような若手の方々こそが、中長期的な視点に立って最新の社会変化にも対応しつつ、新しい方針を提案していけるのではないでしょうか。

そのために彦根保護区では、先輩保護司には後方に回っていただき援護射撃をするという立場で、新任の保護司の方々にこそ重要なポスト、役職に就いていただく形を意識して運営しています。例えば、専門部会の副部会長は、次は必ず部会長になるというような暗黙の縛りはなく、この仕事を一度かじってみてくださいというようなポジションであり、理事でも役員でもありません。そのため、新任の方々に副部会長をお願いしても拒否はされません。そうして一期二年を担当していただくと、結果的にそれがスムーズな世代交代につながっているのが現状です。ちなみに、専門部会への配置は、その方が一番活動しやすく、二倍、三倍の力を発揮してもらえそうなところとなるよう配慮して決めていきますが、一方で、特定の方だけが重荷を背負うことのないようにするため、全員に少しずつ担当してもらって、誰もができるよう横に広げる体制づくりを心掛けています。

さらに、例えば、ARを導入する際に話題となったのですが、若い人に更生保護を分かってもらおうと訴えていくのなら、若い感覚を持った保護司に担ってもらうのが筋だという話になり、経験豊富な先輩保護司の方々には後方支援に回ってくださいとお願いし、理解していただきました。若手の保護司が育ち、そこから面白いアイデアがどんどん出てくれば、活動も活性化されていきます。若手の保護司がやりたいというのを止めないこと、そして、先輩保護司たちは、ここは事前に総務と話をして予算を確認する必要があるよとか、そういうことをチェックする役割をしていただいています。

新しく保護司になられた方の中から、四年が経過しても事件担当の依頼がないから保護司を辞めたいという声も聞かれたりしますが、これは全国共通の声ではないでしょうか。そのためには、複数担当制がもっとフレキシブルに運用される必要があると思いますが、現実にはそうなっていないようです。新任が処遇の実際を先輩とともに経験し、他団体との連携活動などを不安なくこなしながら学べる大事な機会を逃してはいないかと心配です。もし、保護司側の指導力に不足な部分があれば、保護観察所がもっと積極的に関わってでもその方のスキルアップを図るべきという視点が必要だと思います。

最後に、後任探しの困難化は、保護司のみならず、あらゆる社会貢献団体に共通する課題になっています。今後は、社会貢献意識が高い学生などに、保護司の世界にもっと触れてもらうようなことができないかというようなことも考えています。

今後は、より多くの相談機関と連携を深めていき、更生保護に関するコミュニケーションが更生保護サポートセンターを中心に一層円滑に、そして自由に行われていく必要があると思いますし、さらに、保護司会の運営においては、新人や若手の保護司の出番を創造し、人を育てるマネジメントが今後の発展の鍵となると考えています。

本コラムの内容は、保護司みらい研究所第六回全体会（二〇二三年一一月一九日）における発表「保護司活動の現状とこれからの保護司」をもとに再構成したものです。

コラム5

第一回鳥取県保護司フォーラムと保護司みらい・街トークラボ

岩田文明（鳥取）

鳥取県は人口最小の県であり、保護司組織の体制としても八保護区三七二名とコンパクトで、何をやるにしても比較的まとまりやすいという特性があります。年に三回の理事会や保護司会代表者等協議会のほか、当連合会の主要な事業として機関紙『更生保護とっとり』の年二回の発行があり、各保護司会やBBS会、更生保護女性会等の活動をトピックスとして積極的に紹介しています。

しかし、各保護司会へのメリットの還元の観点から、これまでの活動で十分なのか、ICT化による情報技術の活用の一方で、一堂に会した顔の見える関係づくりや意見交換の場を確保することで、保護司会活動の活性化を図るべきではないかなどの議論を理事会等の場で重ね、関係機関の協力を得て、新たな取組として「第一回　鳥取県保護司フォーラム」（二〇二三年一二月五日、倉吉市）の開催に漕ぎ付けました。

白紙からのスタートであり、開催準備としてまず始めに各保護司会へのアンケート調査を行ったところ、テーマとして「若手・女性保護司の確保、育成」「学校や地域との連携」「〝社会を明るくする運動〟のあり方」「再犯防止に係る地域ぐるみの取組」など様々な意見が寄せられ、議論を重ねた結果、次のとおり三部構成で実施することとしました。

息の長い社会復帰支援の推進と地域連携のあり方

全国に先駆けて再犯防止推進計画を策定した鳥取県では、二〇二三（令和五）年度からの第二期計画のスタートに合わせて、県福祉保健部の福祉保健課から「孤独・孤立対策課」を独立させ、「再犯防止・更生保護、成年後見、生活保護、民生・児童委員、ヤングケアラー、ひきこもり」などの課題に一元的に取り組むこととされました。そこに「高齢者・障がい者以外の相談支援体制検討会」が、鳥取保護観察所、鳥取・倉吉・米子各保護司会と県保護司会連合会、鳥取県地域生活定着支援センターを構成メンバーとして立ち上げられ、満期釈放者や保護観察終了後の人などへの包摂的な支援の仕組みづくりとして、二〇二五年度の相談支援体制の構築に向けた検討が続けられています。

このような県の率先した再犯防止の取組について学ぶため、第一部ではまず県孤独・孤立対策課から「第二期再犯防止推進計画と社会的包摂、保護司に期待される役割」と題する基調報告をいただきました。そこでは、二〇二二（令和四）年一二月にいち早く「鳥取県孤独・孤立を防ぐ温もりのある支え愛社会づくり条例」を制定すると同時に、第二期再犯防止推進計画では、「民間協力者の活動の促進」に加え「地域による包摂の推進」が加わり、満期釈放者等への支援体制の整備などが具体的施策として掲げられたことを踏まえ、このような地域づくりに保護司組織として主体的に関わってもらえるような場づくりをしたいとの提案がなされたところです。

また、鳥取保護観察所では、新たに刑執行終了者等に対する援助や更生保護に関する地域援助など息の長い社会復帰の支援業務に取り組もうとしています。そこで、鳥取保護観察所から「地域に貢献する更生保護をめざして」と題する基調報告がなされ、最近の更生保護法等の改正を踏まえ、保護観察所に犯罪・非行の相談窓口「りすたぽ」が設置されたことや、更生保護の今後の地域展開の方向性などが明らかにされました。

〝社会を明るくする運動〟のあり方

第二部では、〝社会を明るくする運動〟（社明運動）のあり方について、「効果的であった活動」「運動のあり方や課題」「今後取り組みたいこと、望まれるあり方」を中心に、あらかじめ意見交換を行った上で選定した三事例について報告がありました。

一つ目は、鳥取保護区保護司会による「社会を明るくする教室」の取組です。社明作文コンクールの協力依頼で小学校を訪問した際、保護司の仕事を児童や保護者に知ってもらいたいと学校長から話があり、二〇二〇（令和二）年度からスタートし、二〇二三（令和五）年度までに延べ九校で実施されています。小学六年生を対象に、講話、社明作文の朗読、グループワーク、発表という流れで実施します。四五分という限られた時間で教育効果を高めるために、綿密な打ち合わせが行われており、子どもたちの感想もとても思いのこもったものでした。

　二つ目は、米子保護区保護司会による「社明作文コンテスト作品活用の取組」です。社明作文の応募は二〇二三（令和五）年度に二〇〇作品ありましたが、人の目にふれないで終わることも多いため、学校と保護司の連携推進委員会が中心となり、地元FM放送の協力を得て、番組の中で子どもたちの朗読を放送するとともに、CD化して学校に配布しています。

　三つ目は、倉吉保護区保護司会による「学校と保護司との連携強化推進事業」です。中学校長から地域学校委員をしていた保護司に「教室から出てしまう子や学習に集中できない子がおり、学習支援や見守りの支援をお願いできないか」と依頼があり、二〇二三（令和五）年八月から三か月間、延べ一〇三名の保護司が教室に出向いて協力したところ、生徒たちには以前より落ち着きが生まれるようになったと報告されています。

保護司みらい・街トークラボ

　第三部では、「地域のチカラを大きくするために、どのような保護司活動が求められるか」について根幹的なところの議論を深めたいと考え、保護司みらい研究所に依頼したところ、「街トークラボ」との共催が実現しました。当日は、今福章二代表から「複雑化する現代社会・保護司の未来」と題し、「保護司の魅力は何か」「その魅力はどこから生まれてくるのか」「保護

フリートークの様子

司を未来につなげてゆくために」の三つの視点からお話がありました。特に、「つながり続ける」「人と人、人と地域の架け橋になる」保護司の存在は、孤独・孤立・分断の時代だからこそかけがえのない地域のチカラとなっていることについて、改めて考えるきっかけとなり、その後の活発なフリートークにつながりました。

第二回保護司フォーラムに向けて

今回は、全国保護司連盟の保護司組織活動活性化事業の助成や鳥取県就労支援事業者機構からの支援等が得られたことも開催の弾みとなりました。また、開催までの道のりを振り返ってみても、保護観察所を始め関係機関と協働する気運が日々高まり、保護司会の内部でも、一堂に会する機会への期待や各保護司会が協力し合って一つの事をなそうとする阿吽の呼吸が生まれ、相互の風通しのよさにもつながりました。

そして何よりも、平井伸治鳥取県知事から、冒頭で保護司に対する力強いメッセージをいただいたことにより保護司全員の士気が高まるとともに、鳥取県の担当部局による問題の所在の把握と解決への具体的施策のスピーディーな展開などはとても心強く感じられ、互いの信頼関係の醸成につながったものと確信しています。

今回の参加者等からのフィードバックも踏まえ、現在、第二回保護司フォーラムを規模を拡大して開催することを計画中です（二〇二四年一二月五日、倉吉市で実施予定）。どうすればさらに保護司の士気が高まるか、保護司会の求心力を保つにはどうしたらよいかなどについて常に考えながら、今回は「保護司（会）活動を通して見えてくるものとは何か」を仮題として、様々な考えや思いを持つ保護司の集う場としての保護司会の「未来」を考えるフォーラムにしたいと考えています。

退任保護司協議会においては、退任される保護司の味わい深く思いのこもった言葉をいただくことがたくさんあります。そのようなとき、保護司の仕事もまた人の心の琴線に触れる仕事であるとしみじみと思います。

「『いうにいわれぬ』苦しみをいいあらわそうとするとき、ひとは非常な努力によって無理にも苦しみを自分からひきはなし、これを対象として眺めようとしている。その時、自分ひとりでなく、だれかほかのひとも一緒にそれを眺めてくれれば、それだけでその悩みの客体化の度合は大きくなる。悩みというものは少しでも実体がはっきりするほど、その圧倒的なところが減ってくるものらしい。したがって、いいかげんな同情のことばよりも、ただ黙って悩みをきいてくれるひとが必要なのである」（神谷美恵子『生きがいについて』二〇〇四年、みすず書房、一三一頁）

これは保護司が実践してきたことに重なるような、精神科医であり、哲学者であった方の言葉です。「利他と利己」「ケアされることで、ケアする」。一方通行でなく、双方向の関係性が今の世の中にはもっと必要であると多くの保護司の方々が思われていると信じていますが、そうした問答が交わされ、お互いの考えを深めてゆけるようなフォーラムになってゆくとよいのではないか、そのように思っています。

第5章　保護観察の国際動向と保護司制度

ローソン　キャロル

イギリス連邦の国々における保護観察制度の動向を参照しながら、日本のHOGOSHI制度を海外からの視点で考える材料を提供できればと思います。

保護観察：プロベーションとパロール

イギリス連邦の国々における保護観察には、刑務所に入所させる代わりの措置であるプロベーション（probation）と刑務所を出所した後の措置であるパロール（parole）の二種類があります。日本で言えば、保護観察付全部執行猶予が前者に、仮釈放の保護観察が後者に該当します。プロベーションとパロールは、いずれも一八四〇年代のほぼ同じ時期に英語圏で誕生した後、それぞれ異なる軌跡をたどって発展し、比較的最近になって両者が「社会内処遇」の名の下に統合されました。ただし、前者には比較的寛大に、後者には比較的厳しく対応がなされるなど、両者の違いは歴史的には重要で、その影響は今でも根強く残っています。

プロベーションとパロールの始まり

さて、プロベーションもパロールも、刑務所が受刑者に有害な影響をもたらすという点は否めないというところから出発しています。一七〇〇年代後半、ヨーロッパに近代の刑務所が誕生して間もなく、刑務所に一度入った人は刑務所に再び戻ってくる可能性の高いことが明らかにされました。つまり、犯罪者を施設に収容することは、本質的に受刑者の能力を奪う副作用があり、出所後にそれを克服することは難しいため、プロベーションやパロールによって施設収容を最小限にしたり回避したりして、対象者の社会的弱体化の防止・軽減が試みられたのです。それらに要する費用は、犯罪者や非行少年を物理的に拘束するよりも何倍も安くすむということも背景にありました。

プロベーションは、一八〇〇年代当初、イギリスの裁判所で、少年に対して一日のみの刑期を与えて親や保護者のところへ条件付きで釈放し、その厳しい監督下に置くという慣行がある中で、一人の若い弁護士、マシュー・ダベンポート・ヒル（Matthew Davenport-Hill）が、一八三九年に判事となった後に、更生の見込みのある成人にもこの慣行を適用し、市民に更生のための監督を委ね、その状況を警察が定期的に確認するという試みを行ったのがはじまりと言われます。

また、一八四一年のアメリカのマサチューセッツ州にも、同じような発想を持った理想主義的なジョン・オーガスタス（John Augustus）という人物がいました。彼はアルコール依存症の患者を更生させるために、刑務所に収容するよりも、地域社会で思いやりをもって指導するほうがよいという考えから、裁判所にかけ合い、保釈された者の監督に当たる民間ボランティアを手配しました。その対象となった者の数は二〇年近くで約二〇〇〇人に上りましたが、その多くはオーガスタス自身が受け持っていました。オーガスタスは、ラテン語の「probare」（実証するという意味）という動詞をもじって、「プロベーション（probation）」という言葉を生み出したと言われています。

一方、パロールの方ですが、一八〇一年以降、オーストラリアの流刑地に送られた囚人たちは、刑期の約半分を終えた時点で仮釈放許可証（ticket of leave）を受け取れるようになりました。その許可を受けると、植民地内で自由に移動することや有給で働くことができるようになる一方で、行状が悪いと許可が取り消されるというものです。これにより、受刑者は生産的な社会の一員となり、植民地全体に大きな利益がもたらされました。そのような中で、現在では観光地として人気のあるニュー・サウス・ウェールズ州沖のノーフォーク島にあった刑務所では、当時最も凶悪とされる囚人を収監し、極めて残虐な扱いがなされていたとされていますが、一八四〇年にアレクサンダー・マコノキー（Alexander Maconochie）が所長に就任すると、善行・勤勉・勉学の面で評価するポイント制度を考案し、最も素行の良い囚人を条件付きで釈放することにしました。四年という短い在任期間でしたが、最も処遇が難しいとされた犯罪者たちを「紳士」のような人間に生まれ変わらせたのです。そのため、一般にパロールの父と呼ばれています。その後まもなくの一八四六年には、フランスのあ

ローソン キャロル
(LAWSON Carol)
東京大学大学院法学政治学研究科教授（英米法）。オーストラリア国立大学法学研究科博士課程修了（博士（法学））。法社会学研究，日本研究，比較刑事政策が専門。2015年以降，日本の刑事施設及び保護観察・保護司制度の現状と課題に関する国際比較研究等の文献多数。

る判事が、犯罪者の更生のためにより効果的だとして独自の条件付き釈放制度を提案しています。

このように、アメリカ、イギリス、オーストラリア、フランスは、ほとんど同じ時期に、犯罪者をまずは刑務所に入れないようにしたり、出所後の社会復帰を早めたりと、目的の違いはあれど多かれ少なかれ同じような構想を抱いていたと言えるでしょう。これらの構想は各国で急速に支持を集め、他の国にも広がっていきました。明治維新後の日本にもこのような動きが見られ、一八八一（明治一四）年、改正監獄則により満期出所者を監獄の別房に留置する制度が導入されました。これが、日本で刑務所出所者のニーズに対応した初めての制度です。

専門家の台頭と監督の強化

その後、イングランドおよびウェールズでは、保護観察に対する地域社会の関与が弱まり、同時に、社会復帰のための処遇というよりも監督面を強化する傾向が徐々に色濃くなっていきました。例えば、プロベーションは、当初一八八六年の法律に基づき法定宣教師と呼ばれる慈善団体によって行われていましたが、その後一九〇七年の保護観察法によって、この慈善団体は有給の保護観察官にとって代わられました。ただし、保護観察官はソーシャルワーカーと同じ訓練を受けており、その特徴は依然として柔軟で慈悲深い性格を持ち、親身な助言やサポートに役割があったようです。

一方、オーストラリアでは、憲法に基づき各州が刑事司法を所管していますが、最大の州であるニュー・サウス・ウェールズ州では、一九〇一年の犯罪者保護観察法により保護観察制度が発足した後、一九五〇年代に仮釈放制度が始まり、さらに一九七九年にプロベーションとパロールの両方の対象者を監督する形で社会内処遇制度が確立されました。そこで保護観察官は、裁判所からの命令に基づき量刑報告書を作成するほか、保護観察に付された者については、薬物・アルコール依存症の治療、認知行動療法を含むメンタルヘルスケア、職業訓練プログラムなどの社会資源に関する情報を盛り込んだ更生支援計画を策定したり、遵守事項の履行状況を見守り、再犯がないよう支援や指導を行ったりすることとなりました。

しかし、その実施体制には深刻な問題のあることが指摘されています。二〇二一年時点で、保護観察の対象者数は約三万四〇〇〇人に上りますが、保護観察官はたったの六五〇人です。保護司制度は存在しませんので、保護司は一人もいません。保護観察官一人当たりの負担が重いため、対象者一人ひとりに対する個別指導やサポート、犯罪のきっかけとなった家庭事情や精神の状況、心の傷まで気を配るなどのきめ細かな対応はほとんどできていません。もう一つ、更生保護プログラムへの受け入れ人数が限られ、受講するまでに長期間待たされるため、不満や幻滅を抱く対象者が多いという課題も見られます。これらの事情が犯罪者の更生を妨げており、二〇二一年度の統計では、成人出所者のうち二年以内に刑務所に戻る比率が四九パーセントを上回りました（日本における二〇二一年の出所受刑者の二年以内刑務所再入率は一四・一パーセント）(1)。

現在のイギリス連邦の国々では、保護観察のプログラムに携わる人々のほとんどは、職業として犯罪者と接しているということを理解しておく必要があります。中には非常に熱心な人もいますが、公務員か民間企業の職員かを問わず、雇用された従業員であるため、勤務時間内に限ってのみサービスを提供できるということになります。ボランティアや慈善団体によるケアの恩恵を受ける場合はわずかで、そのサポートを全く受けられない対象者もかなりいます。

このような体制ですから、イギリス連邦の国々の保護観察においては、条件遵守のための監督としての側面が重視される傾向が強まってきています。裁判所と仮釈放委員会が対象者に課す条件の数は自ずと多くなり、その遵守義務の期間も長くなったりします。

本来保護観察対象者は、様々な不利な状況や、トラウマ、偏見にさらされている、非常に弱い立場にある人々です。これはどの国でも同じでしょう。対象者は、しばしば意思決定能力が乏しく、個人的に頼りにできる拠り所も限られています。自分を責めたり、罪悪感に悩まされることもあるでしょう。世間の目を恐れたり、犯罪行為が家族に及ぼした影響を目の当たりにして苦悩したりすることもあります。多くの場合、日常生活に必要な基本的スキルを失っているか、そもそも身に付けたことすらないのです。

しかし、これらの対象者に厳格な義務を多く課すことは、その生活をますます複雑にし、仕事や学校に通ったり、家族の世話をすることなどをより難しくしてしまいます。また、刑事司法に強く縛られてしまうほど、地域社会での生活に心理的に適応することがより難しくなります。その結果、ニュー・サウス・ウェールズ州では、対象者の約二割が条件を満たせずにおり、そのことが同州の人口に対する受刑者数の割合が高いことの一因にもなっています。二〇二二年後半、ニュー・サウス・ウェールズ州での成人受刑者の人口比は、人口一〇万人当たり一九六人でした（日本の成人受刑者の人口比は人口一〇万人当たり三六人）[2]。オーストラリアでは約二五年前から犯罪が減少する傾向にありますが、この人口比は上昇の一途をたどっています。

イギリス連邦の国々における保護観察の根底にある考え方は、日本のそれとは異なり、例えば、ニュー・サウス・ウェールズ州における保護観察の対象者は、「保護・観察」を受けているというよりも「観察・監督」を受けているといった方がふさわしいと思えるほどです。

民営化の挑戦と失敗

それでは、最近の保護観察をめぐる国際的な動向に触れたいと思います。

一つ目は、更生の効果を高めコストを削減するための手法として、保護観察を民営化しようとする試みです。政府が政策や方針を決定しサービスを直接提供する福祉国家体制から、規制国家と呼ばれる体制に移行する中で、イギリス連邦では、政府は依然として政策決定を担う一方で、サービス提供のほとんどを主に営利事業者などの民間に業務委託するというものです。

しかし、営利事業者が保護観察に関与することにはリスクが伴うことは明らかです。二〇一〇年以降、イングランドおよびウェールズの保守政権が予算削減のために抜本的な改革を行い、保護観察事業の大半を民営化することを決定しました。それに伴い、二〇一四年には、一世紀にわたって運営されてきた保護観察事務所が閉鎖されました。同時に、高リスク対象者の監督業務のために新たな政府機関が設立される一方、低・中リスク対象者の監督業務を担う地域リハビリテーション会社（ＣＲＣ）が二一社設立されました。

当時の政権は、これらの地域リハビリテーション会社を運営するために選ばれた民間事業者間の自由競争を通して、利益が生み出されると同時に更生保護の質も向上させられると、この制度変革プロジェクトの正当性を主張しました。このプロジェクトは、事業者が成果に応じて報酬を受け取るという、出来高払い制（payment by results）を採用しましたが、これには革新的で効果的な更生保護プログラムの導入を促す意図がありました。しかし、結果として混乱を招き、保護観察業務の質は明らかに低下しました。実のところ、民間事業者のほとんどは無資格者の集まりで、経験の浅い者を保護観察官に採用し、しかも明らかに重い負担を背負わせたのでした。この大きな失敗の結果、二〇一九年までにはイングランドおよびウェールズの保護観察所は、再び全面的に国有化されることになったのです。

科学技術による効率化の試み

二つ目に注目したい国際的な動向は、刑事司法制度に科学技術を導入し、その効率化を図ろうとする動きです。警察における顔認証、保護観察領域においては高リスク対象者の電子監視やＡＩ（人工知能）等を活用した再犯リスクアセスメント手法などがその例です。

このうち電子監視については、二〇一一（平成二三）年に日本でも話題となり、人権侵害のおそれなどの議論がなされていますが、その後、コロナ渦の経験を経てスマートフォンなどによる電子監視手段の活用などが議論される中で次第に世論も変わりつつあるように思います。昨年、海外への逃亡リスクの高い被告人の保釈の際に活用する方策として、日本にも二〇二八年までにＧＰＳによる電子監視が正式に導入されることに決まりました。今後は、性犯罪者の保護観察の領域での導入の可能性などの議論が活発化していくことになるでしょう。

また、ＡＩ等を活用した再犯リスク・アセスメント手法が西欧諸国で普及し始めていますが、実施面での課題は多いようです。特に、刑務所収容率の高い地域では、意思決定の大きな重圧を避け、さらに人手不足を補うため、刑事司法手続の自動化に過度に依存する傾向が認められます。このまま進めば、機械だけの手によって重大な判断の過ちが犯され、それについて説明責任を負う人間がいないというような状況が発生するかもしれません。ＥＵや中国などでは、すでにあらゆる分野において、ＡＩ等を活用した意思決定を規制する政策を確立し、場合によっては法律も制定されています。現在、日本でもオーストラリアでも、この点でどのように安全策を講じるかが模索されているところです。

刑事司法ボランティアへの期待

国際動向の三つ目として、英国の研究者は、世界各国で刑事司法制度の構造改革が進められており、刑国・民間組織・ボランティアがそれぞれ役割を分担するモデルへと移行しつつあること、さらに、刑事司法に携わるボランティア（刑事司法ボランティア（penal sector volunteers））の勢力は、矯正や保護観察に関わる職員の合計人員よりもすでに大きくなっているか、大きくなりつつあり、世界の刑事司法においてボランティアが果たす役割は、極めて重要なものになると指摘しています[3]。

これまで研究者たちの関心は、長い間刑事司法機能の民営化に焦点が置かれてきたため、刑事司法ボランティアの存在は見逃されてきました。刑事司法ボランティアによる貢献や予期せぬ効果、期待される役割などについて十分に理解されてこなかったのです。

また、刑事司法ボランティアは、社会から最も疎外された人々の最後の砦となる機能を果たしているにもかかわらず、その人員は不足し、十分な社会的評価も与えられていないとの指摘もなされています[4]。その中で、イングランドやスコットランドの刑事司法ボランティアが、活動の中で感じる、怒り、いら立ち、悲しみ、失望といった個人的経験をどのように心の中で整理し、それでも前に進み、罪を犯した人々を支援し続けているのか、その感情労働としての実態が明らかにされました。

海外から見た日本の保護司制度

ここで、海外から見た日本の保護司制度の特徴について簡単に触れたいと思います。一般的に、自己の利益に拘泥しないで動く市民ボランティア精神というものは、日本に独特のものというよりも、世界に共通の価値観の中に見出すことができるように思います。どの国や地域であっても、地域社会に恩返しをしたいと願う市民意識の高い人々が、志をもって、長く、そして献身的に取り組んでおられる例は、実は数多く見られるのです。

そのような中で、日本の保護司制度には際立った特徴と考えられる点が二つあります。

第一は、保護司が、罪を犯した人の立ち直りに深く関与し、継続して、自分の家族のように関わろうとするボランティアである点です。例えば、英国には、名誉警察官（honorary constable）として、警察官並みの仕事をしているボランティアが約五〇万人います。英国の人口は日本の約半分ですから、その数の多さがわかります。しかし、罪を犯した人の立ち直りに深く関与する領域でのボランティアは、極めて限定的です。そして、保護司が実際にされていることは大変難しいことなのですが、良きパートナーのごとく愛情にあふれ、同じ家族の一員であるかのように傍にいて支えておられます。そうすることに自らの人生の意義を見出すところまで積極的に関わろうとする保護司という存在が、長年続いてきたということは、世界でも極めてまれだと言えるでしょう。

第二は、ボランティアである市民と国との関係性です。日本の保護司制度においては、まず、国と民間とが協働することによってこそ更生保護が実現し得るという理念が、国側から明確に示されています。その一方で、業務の大部分を無報酬で、しかも継続的に長期にわたって引き受けるという強固な意思（使命感）が、ボランティア側から示されています。そして、実際の保護観察活動において、保護観察官と保護司が、保護観察官が示す明確な処遇方針の下で、それぞれの持ち味を発揮して互いに協働する基本姿勢を重視するところから出発しているのです。このような協働のあり方が、なかなか他では見られない現象なのではないかと感じられる点です。

日本では、犯罪発生率が低いだけでなく、保護観察制度が充実し、全国的にも保護司の方々がきめ細かく関与されている結果、再犯率も低く抑えられています。言うまでもなく、保護司制度のような類まれなる強みを今後も維持していくことが、これからの日本にとって大変大きな意味を持つことは明らかです。

保護観察に関する制度は、対象者による凶悪な犯罪が一件でも出てしまうと大きな問題に発展し、制度への疑問や不信が沸き起こる運命にあります。日本も約二〇年前にこのような状況に直面しましたが、その際は単なる厳罰化などの短絡的な対応に陥ることなく、危機を乗り越えることができました。現在、保護観察対象者の特徴やニーズの変化、地域社会、社会経済情勢の急激な変化などを背景に、保護司制度をめぐる状況が変わり、保護司数の長期的減少などの具体的な課題が顕著になってきました。まさに保護司制度は岐路に立たされているように思います。

この点の今後の方策については、ここで触れることはできませんでしたが、さらに必要な調査研究を進めていきたいと思います。

対談

HOGOSHIを世界に発信する

ローソン キャロル
今福 章二

地域に根差す更生保護

ローソン 犯罪者の改善更生や再犯防止、安全・安心な社会の実現といった目標を掲げるプロベーションやパロールの根っこは同じでも、国や地域によってその発展過程は異なり、保護観察制度やその実施方法などに様々な特徴が見られます。その中で、日本の保護観察制度は、その他の刑事司法の諸政策と相まって、安全・安心な社会の実現への貢献という点で有効に機能しているように思うのですが、日本の保護観察制度に見られる特徴はどのような点にあるでしょうか。

今福 特徴が二つあります。一つは、地域に根差し、地域の人々の理解・協力を得て実践される社会内処遇だという点で、その代表格が保護司制度です。もう一つは、人が持つ問題と強みの両面を見失うことなく、再犯を防ぐ指導監督と基盤となる生活をサポートする補導援護の両面にバランス良く取り組む方向性を堅持している点にあると思います。

保護司制度の特徴

ローソン 日本の保護司制度は国際的に高い評価を得ており、日本の刑事司法外交のソフトパワーの一つですね。それは日本の遺産の一つではないかとも仰っていますが、どういうことでしょうか。

今福　私が保護観察官になったのは、少年非行の戦後第三のピークを少し超えたころで、当時は非行少年との面接に明け暮れていましたが、その際、立ち直りに一生懸命になっておられる何人もの保護司さんと出会い、こんな人もおられるのかと素朴に感動したことを昨日のことのように思い出します。世の中は理不尽で冷たいものだという感覚が身に染みていた当時の自分には、いや待て、希望というものがここにあるんだと、まさに衝撃でした。

確かに日本の更生保護制度は、このような保護司制度なくして成り立ちません。専門職である保護観察官が保護観察を主宰するという点は世界共通ですが、その上で日本では保護司も実行チームに加わり、一緒になって一人の対象者の処遇をするというスタイルがとられている点が特徴的です。

しかし、そのチームの一角を占める保護司の役割は何かということについて、これまで海外の方にはよく分かっていただけてこなかったように思います。専門職の保護観察官の数の足りない分を補ってもらえるからうらやましいとか、犯罪者を家に招き自分の家族のように親身に対応するなんて信じられない、という反応が一般的でした。先ほどのローソンさんのお話に、イギリス連邦の国々においては、戦後、専門職中心の実施体制となり、処遇が地域から離れ、その作用も監督の強化が中心となっていった、というご指摘がありましたが、そのような視点から日本の保護司制度を眺めると、ある意味当然とも言える反応であったように思います。

それが比較的最近になると、少し見方が変わってきました。保護司は、犯罪者と同じ地域に住み、隣人の立場から寄り添い、助け合い、お互い様の視点で関わっていかれます。すると、本人から見ても非常に話しやすいですし、その人間的なつながりを梃子として、本人の中に、犯罪・非行から足を洗い、生活を建て直していこうという動機付けが生まれやすいように思います。同時に、保護司は地域のことをよく知っておられます。県全体で一か所しかない保護観察所の保護観察官がいくら地域に足繁く通ったとしても限界がありますし、また、地域のことをよく知っていると、非常に実践的なアドバイスをしてもらえます。一方、保護観察官は人間科学の専門家として、心理学理論に基づくアプローチや認知行動療法に基づく専門的なプログラムなどもやれるし、見立ても科学的に行うことができるという強みを持っています。

　こうしてみると、保護観察官に保護司の代わりはできないし、逆に保護司に保護観察官の代わりはできない。互いに固有の強みを持っている者同士がチームとなって一人の対象者に向き合えるというのは、とても素晴らしいことなんです。このような形で、保護司という民間の方が関わることの固有の意義について、海外の方にもようやく理解されてきたのではないかと思っています。

ローソン　保護観察官と保護司はお互いに欠かせない存在なんですね。

今福　保護観察対象者と保護司の人数を比べると、保護観察対象者からすると、自分だけを気にかけ心配してくれる人が最低一人はいることになります。一対一の相談相手が常にいるというのが犯罪者処遇の理想の形です。この点で、犯罪者処遇の分野での地域ボランティアが少ないと言われるイギリス連邦の国々でも、能力があり利他の精神に満ちたボランティアがおられ、この理想を部分的に実現できている例はあるとは思います。しかし、日本ではこれが日常風景となって全面展開されており、非常に恵まれていると思います。

　しかし、こういったことは一朝一夕に、また、号令一下でできるものではありません。まさしく地域が生み、歴史の積み重ねの中で育ってきたものであり、しかも未来につなげていくべきものだという意味で、これは日本の遺産といえるのではないか、そんな感じを持っています。

さらに遺産としてつなげていくべき大切な二つ目の点として、地域社会そのものに対して、寄り添い、働きかけ、育てていく役割が保護司にはあります。いくら本人が努力して立ち直ろうとしても、それを受け入れてくれる地域社会がなければ、すなわち地域社会から排除されれば、実際に立ち直ることはできません。そこで保護司は、本人ばかりでなく、地域社会の側でも変わっていこうよと、地域社会に働きかけていくことを明確に意識して実践されていきます。このような地域社会への働きかけは、人と人のつながりがあって犯罪や非行を生まない社会づくりともなります。ここまでも視野に入れている点が保護司制度のすごさといえるでしょう。海外でこの点に成功している例はあまりないのではないでしょうか。だからこそ、保護司制度に海外からの光が当たってきたのだと思っています。

文化的な背景

ローソン　日本の保護司制度を成り立たせている文化的な背景としては、具体的にどういうところを特に意識されていますか。

今福　長く続けておられる保護司の方々に話を伺うと、地域に恩返しをしようという気持ちや、次世代の子どもを我が子のように地域で育てていこうとする気持ちなどを、多くの方が持っておられるんですね。今の時代は他人に対する無関心が蔓延していますが、人と人が支え合う町をつくっていこうという、とてもあったかい心を保護司の方々から感じます。このことは保護司の適任者は誰かということにもつながります。それは、大切な人の人生、人としてのかけがえのない人生に、地域を代表して関わるのだから、そのような重要な任務を委ねてもいいと、地域から思ってもらえる人ではないでしょうか。

保護司制度を支えている文化的な背景としては、まずこのような地域と個人との関係、すなわち、自分も地域で育てられたんだから今度は地域に恩返しする番だ、というメンタリティーがあると思います。さらに、よく引き合いに出される「生かされて生きていく」という言葉の中に、保護司制度を支えるメンタリティーが凝縮されていると思います。自分とは違う誰かのおかげで、ありがたいことに偶然にも、自分に授けられたこの命や大切なものを、どのように他の人に、そして次代につなげていくのか、そこに使命を感ずるメンタリティーというのでしょうか。それは、利己よりも相手の利益をまず考える利他の精神に通じるものです。

一方で、ローソンさんのお話の中で、何らかのボランティア的な行動を起こそうとする気持ちは世界共通に存在する一方で、同じ家族の一員のようにとか、精神的にもきついボランティアを継続して行おうとする動きは他国には少ないというご指摘がありましたが、その背景にはどのようなものがあるとお考えでしょうか。

ローソン　例えば、オーストラリアですと、山火事があれば、他の人の牧場を守りにいくということがあります。たとえ自分の牧場が燃えていたり、自分の家族が危ない状況であったとしてもです。それで命を落とす人が毎年何人か出てきます。海の人命救助もそうです。必ず土曜日か日曜日は、砂浜で他の人を救っています。子どものころからそのための資格を取ったりもしますし、何か危機があったときにぱっと動きます。

しかし、山火事でも海の人命救助でも、短期的に人と関わるというのが前提で、長期的にそのようなボランティア行動が継続されることはあまりありません。そういう人が現れたとしても、組織化されておらず、後任者が確保されないので、いずれなくなってしまうというのが通例です。保護司制度のように、ずっと続くということは考えられませんし、国から言われて呼応して動き出すというようなこともありません。イギリス連邦の人々は、自分と国家は水平の関係にあるという感覚ですから、国から何か言われてその通りにするという保証は必ずしもありません。

その一方で、諸外国では、例えば、キリスト教などの宗教によるコミュニティの力が強く、それによって保護司制度に類似した制度が発展する余地があるように思うのですが、そうした可能性についてはどうでしょうか。

今福　日本の保護司制度と近い制度を持っている国として、タイやフィリピンの例がありますし、昔は韓国にもありました。シンガポールやケニアでも制度を発展させつつあります。もっとも、日本の保護司制度そのままというものではなく、それぞれの社会を成り立たせている文化的なものや宗教的なもの、さらには法制度との整合性なども踏まえて発展してきています。

例えば、カナダに始まり、その後イギリスに上陸し、EU諸国内に急速に広まったCoSA《コーサ》（Circles of Support & Accountability）というボランティア団体による活動があります。性犯罪受刑者の中でも凶悪な部類に分類された人が刑務所を出所すると、一旦社会に出てもその社会から厳しく排除されるということが起こり得るのですが、これに対して複数のボランティアがチームをつくって、その相談相手になるという活動です。これが法制度化されていれば、例えば「カナダ版保護司」に分類できるかもしれません。世界の様々な宗教の下で、ボランティアの活躍の舞台が広がっていくことは大変重要なことであり、その発展のためにもそれぞれがしっかり連帯していく必要があると思っています。

とはいえ、文化的伝統、法制度、精神性の異なる海外の国や地域で、日本の保護司制度がそのままの形で取り入れられていくということは考えにくいと思います。しかし、保護司の存在やその実践の中に埋め込まれた普遍的価値が伝播し、人類の共有財産となっていく余地は十分にあるのではないでしょうか。保護司制度に対する世界の見方が変わってきたと最初に申し上げた数々の点の中に、そのような普遍的価値があると思っています。

国際更生保護ボランティアの日

ローソン　先般オランダのハーグ市で開かれた第二回世界保護司会議で、「国際更生保護ボランティアの日」を毎年四月一七日と定める宣言が採択されたと伺いました。二〇一四（平成二六）年に第一回アジア保護司会議が東京で開催されてから、ちょうど一〇年が経過したんですね。実は二〇一七（平成二九）年に第二回アジア保護司会議が東京で行われた際、私も横からその活動を多少拝見させていただきました。保護司制度が体現する普遍的な価値を世界共有の財産にするという意味で、大きな弾みになるものと思います。その意義についてどのようにお考えでしょうか。

今福　ローカルとグローバリゼーションを合わせた「グローカル」という言葉があります。「地球規模で考え、そして、足元から行動せよ」という意味ですが、この視点が大事だと思っています。ローカル、すなわち地域という足元での保護司の活動やその存在の意義は、人と人をつなげる、人と人が支え合う社会を創るために行動する点にあると考えていますが、そのことは、現に平和が脅かされ、人類の岐路に差し掛かったような厳しい現実に直面する世界、あるいは、コロナ禍で直面した人々の分断、社会的な孤立・孤独の深刻さに悩む世界にとって、最も必要とされる理念であり行動であるように思います。そのような視野を持って、ローカルで考え真摯に行動する保護司の問題意識を世界に発信していくことは大変重要な意義があるのではないでしょうか。

宣言によって、世界の更生保護ボランティアが、その存在を知られ、勇気づけられ、そして人のつながりを大切にする思想や文化が世界に広がることを大いに期待したいと考えています。
保護司制度を始めとする更生保護ボランティアを世界遺産にすべきときがやってきました。

本章の内容は、東京大学ヒューマニティーズセンター第八八回HMCオープンセミナー（二〇二三年三月一〇日）「内外から見た日本の保護司制度の現状と課題」における講演と対談、及び保護司みらい研究所第五回全体会（二〇二三年九月二四日）における講演「内外から見た日本の保護司制度の現状と課題――更生保護の比較法制的視点」をもとに再構成したものです。

注

（1）『令和五年版　再犯防止推進白書』二〇二三年、法務省

（2）World Population Review, "Incarceration Rates by Country 2024," https: //worldpopulationreview.com/country-rankings/incarceration-rates-by-country

（3）Philippa Tomczak and Gillan Buck, "The Criminal Justice Voluntary Sector: Concepts and an Agenda for an Emerging Field," 2019, *The Howard Journal of Crime and Justice*, Vol. 58 No. 3, pp. 276–297

（4）Kaitlyn Quinn, Philippa Tomczak and Gillan Buck, "'How You Keep Going': Voluntary Sector Practitioners' Story-Lines as Emotion Work," 2022, *The British Journal of Sociology*, Vol. 73 No. 2, pp. 370–386

「国際更生保護ボランティアの日」宣言（二〇二四・四・一七　第二回世界保護司会議）

我々は、二〇二四年四月一七日にオランダのハーグで開催された「第二回世界保護司会議」の主催者、支援者、参加者であり、

「誰一人取り残さない」包摂的な社会の確立を目指す国連の「持続可能な開発のための二〇三〇アジェンダ」の目標に沿って、

地域社会の積極的な参加を得て罪を犯した人の社会復帰を助けるために地域社会において更生に資する環境を促進する、二〇二一年の「持続可能な開発のための二〇三〇アジェンダの達成に向けた犯罪防止、刑事司法及び法の支配の推進に関する京都宣言」を踏まえ、

さらに、犯罪防止及び刑事司法に関する国連の基準・規則、特に非拘禁措置のための国連基準最低規則（東京ルールズ）が、犯罪者の社会復帰を促進するために「公衆の参加」の重要性を提唱していることに留意し、

アジア保護司会議において二〇一四年七月に採択された保護司等ボランティアの国際的なネットワークを

構築し、情報共有や課題・ベストプラクティスの交換を促進することを目的とした東京宣言を想起し、

二〇二一年三月の京都コングレスのサイドイベントとして開催された世界保護司会議で採択された罪を犯した人の立ち直りを支える地域ボランティアの重要性、地域の支援や地域ボランティアの役割に対する地域の理解の必要性を認め、国連の枠組みの中で「罪を犯した人の立ち直りを支える地域ボランティア国際デー（世界保護司デー）」を創設することを目指した「京都保護司宣言」を想起し、

地域ボランティアの貢献が、罪を犯した人が地域社会で無事に立ち直るための努力をする際に、彼らが直面する社会的偏見や地域からの援助の欠如という課題を克服することを助けることによって、立ち直りを支えることに注目し、

一三〇年にわたり、日本において一般市民によって持続的に発展し、制度化されてきた保護司制度は、罪を犯した人の立ち直り、犯罪の防止、平和で安全な街づくりを実現するための最も包括的かつ有望な施策の一つとして注目されてきたことを踏まえ、

さらに、保護司制度が「国際更生保護ボランティアの日」のきっかけであり、世界中のボランティアの貢献に対する認知度を高めるものであることを認識し、

罪を犯した人の立ち直りと社会復帰を助け、再犯を防ぐため、刑事司法制度に関連する多くの組織の地域

ボランティアが行っている努力と貢献、及び世界中の地域ボランティアによって実践されている様々で重要な活動があることを認める。

次のとおり宣言する。

一．私たちは、刑務所に収容されている人々の大半がコミュニティに帰ってくるのであり、そこでボランティアが立ち直り支援に参加することは、長期的に罪を犯さないことを助け、コミュニティの安全を高めることができると理解している。

二．我々は、罪を犯した人の立ち直り及び社会復帰を支援する地域ボランティアが、良き隣人として、罪を犯した人が社会に戻ってくるときや、社会内処遇を受けている際には側に寄り添い、罪を犯した人の立ち直りへの社会からの理解と援助を促進することに欠かせないものであり、世界的にその活動を推進することが、全ての人にとって安全・安心な社会の発展に寄与するものであることに注目する。

三．このような地域ボランティアによる取組は、「誰一人取り残さない」という理念に沿ったものであり、地域ボランティアの役割の重要性を訴えるためには、よりグローバルな努力が必要であることを確信する。

四．罪を犯した人の立ち直りと社会復帰を支援する地域ボランティアの取組に対する世界的な認知を高め、ボランティア同士の国際的なネットワークを促進するため、四月一七日を「国際更生保護ボランティアの日」と定める。

五．今後は、国連の「国際デー」を設定することも含めて多様な取組を検討し、地域ボランティアの活動に対する人々の理解を一層深め、効果的かつ有意義なボランティア制度の確立を目指す。

本宣言は、米国保護観察協会（APPA：American Probation and Parole Association）、欧州保護観察連合（CEP：Confederation of European Probation）及び国際刑事矯正施設協会（ICPA：International Corrections & Prisons Association）から採択を組織的に支持する見解が事前に示されるとともに、第二回世界保護司会議出席者の満場一致の賛同を得て採択されました。なお、本宣言の原文は、"Declaration on the International Day for Community Volunteers Supporting Offender Reintegration" と題する英語表記のものであり、本文はそれを和訳したものです。

おわりに

戦前の司法保護委員などからつながる保護司の制度は、戦後更生保護が近代化される際にGHQから強い反対意見に遭い、一旦歴史が途絶えそうになりながら、その試練を乗り越えて、今や更生保護を支える存在にまで大きく発展しました。しかし、人口減少・少子高齢化、社会のデジタル化、家族の形態や価値観・行動様式の変容など社会が急激に変化する中で、これまで培われてきた保護司（制度）を未来につなげていくにはどうしたらよいかが課題になっています。

そのためには、改めて保護司（会）を、社会・文化的視点、地域社会や保護観察等対象者との相互作用的な視点、歴史的・比較法制的視点など様々な角度から総合的に研究する必要があるとして、三年計画の保護司制度総合的研究プロジェクトが始まりました。これは、更生保護法人日本更生保護協会と更生保護法人全国保護司連盟の共同事業によるもので、その実施のため、二〇二二（令和四）年七月、保護司みらい研究所が保護司や多様な分野の研究者を構成員としてスタートしました。全体研究会の定期開催のほか、課題を分担しての実証的研究、〝社会を明るくする運動〟との共催イベント、「保護司みらい・街トークラボ」での保護司との直接対話などを実施し、その成果の一端は保護司みらい研究所のホームページ上で発信しています。

本書は、保護司みらい研究所のこれまでの研究活動を通して得られた重要な知見の一端を広くご紹介し、みなさまからいただいたご意見・ご批判を今後の考察に役立てたいという思いでまとめています。なお、保護司の「寄り添いのパワー」や「地域力」に着目し、保護司という文化を「利他」から読み解く試みについては、月刊誌『更生保護』令和六年一月号所収「保護司の未来を一緒に考えよう」（今福・祇園・河田著）などでもご紹介していますのであわせてご覧ください。今後は、現在進行中の分担研究などの成果とともに、地域社会と共鳴し合い活発な活動を展開されている全国各地の保護司（会）の活動紹介をさらに盛り込んだ続編をみなさまにお届けできるよう計画中です。

ところで、保護司制度は、保護司の数が長期的に減少傾向にあり、また、年齢構成が高齢者層に極端に偏っている結果、その持続可能性に疑問符が付く厳しい局面を迎えています。そこで、二〇二三（令和五）年五月一七日、法務大臣の下で「持続可能な保護司制度の確立に向けた検討会」が設置され、「時代の変化に適応可能な保護司制度の確立に向け、保護司の待遇や活動環境、推薦・委嘱の手順、年齢条件及び職務の在り方並びに保護観察官との協働態勢の強化等」について精力的に検討がなされています。筆者は、同検討会による中間とりまとめ（令和六年二月）に対して、第九回検討会（同年四月二五日）における有識者ヒアリングで意見を述べる機会を得ました。意見は、保護司みらい研究所での議論を「制度論」に落とし込んだ場合に言えることに絞りましたが、その詳細は、保護司みらい研究所ホームページに提出資料を掲載していますので、これをご覧いただければ幸いです。直前の「国際更生保護ボランティアの日」宣言のためのオランダ出張中に最終的に書き上げたものであり、頭の中は多分にグローカルな視点とある種の高揚感が混濁し、それが見て取れるものになっているかもしれません。

しかし、そんな空気を一変させる事件が今年の五月に滋賀県で起きました。担当保護司の殺害容疑でその保護観察の対象者が逮捕されたと報じられたのです。事件の真相解明は今後の捜査を待つしかありませんが、この驚天動地の出来事が我々に問いかけているものとは一体何でしょうか。昨夏のこと、旧知の故人が生前に企画されたイベントに出席するために訪れた滋賀県の近江八幡の地で、比叡山延暦寺の「不滅の法灯」や「忘己利他」と重ねながら、更生保護の未来を熱弁されていた故人の姿が脳裏に焼き付いて離れません。そこで特に強調されていたことの一つが、「支援者（保護司）を地域のみんなで応援し支えていく地域ネットワーク」「保護司を孤立させない社会」「地域の多様性のチカラが生かされる社会」をつくることの必要性でした。故人は、本文でも紹介されている滋賀KANAMEプロジェクトを主導しながら、「保護司という文化」が大地に浸透し、広がり、躍動する姿を思い描かれていたのではないでしょうか。そんなことを想いながら、故人に謹んで本書を捧げるとともに、故人の夢をこれからも一緒に追い続けることをお誓いいたします。

本書は、「はじめに」でも述べたとおり、保護司みらい研究所の活動の中から生まれたものです。プロジェクトの趣旨に賛同し未来を見据えた議論にご参加いただいた、研究員、ゲストスピーカー、地域の保護司のみなさまに御礼を申し上げたいと思います。

国際刑事裁判所の赤根智子所長からは、厳しい日常の渦中にありながら、特別に保護司への熱いエールを送っていただきました。さらに、保護司みらい研究所の設立や運営を支えてくださった全国保護司連盟事務局長の吉田研一郎さんや日本更生保護協会事務局長の幸島聡さんには、随所に有益なご助言をいただきました。この場を借りて心から感謝を申し上げます。

ミネルヴァ書房の亀山みのりさんには、本書の企画から編集まで、きめ細かな示唆をいただきました。その支えがなければ、この超タイトな出版日程をクリアすることはできませんでした。本当にお世話になりました。

そして、誰しもが帰りたいと思えるような心地よい地域をつくるために、希望の灯火を燃やし続けておられる、全国の保護司のみなさま。未来を拓くため、これからも一緒に歩き続けてまいりましょう。

この本をお読みいただいている、保護司でないみなさまのお力も必要不可欠です。どうか、保護司（会）と連携を深めていただき、人を応援するコミュニティがより分厚いものとなるよう、これからもご協力をよろしくお願いいたします。

感謝をこめて。

二〇二四（令和六）年八月

今福章二

保護司みらい研究所
ホームページ

携帯サイトにも対応しています。お気に入りやブックマークにご登録お願いします。

保護司みらい研究所
研究員・研究協力者

（50音順。2024年10月1日現在）

研究員

稲葉浩一 （和光大学現代人間学部心理教育学科准教授）

今福章二 （中央大学法科大学院客員教授・保護司・元法務省保護局長） ＊代表

大原ゆい （大谷大学社会学部コミュニティデザイン学科准教授）

岡邊　健 （京都大学大学院教育学研究科教授）

河田　奏 （名古屋・瑞穂保護区保護司）

祇園崇広 （鳥取・米子保護区保護司）

小林聖仁 （更生保護法人全国保護司連盟顧問）

高橋有紀 （福島大学行政政策学類准教授）

竹中祐二 （摂南大学現代社会学部准教授）

中島岳志 （東京科学大学リベラルアーツ研究教育院教授）

原田正樹 （日本福祉大学学長）

松川杏寧 （兵庫県立大学減災復興政策研究科准教授）

ローソン キャロル （東京大学大学院法学政治学研究科教授）

研究協力者

石田咲子 （福山平成大学福祉健康学部講師）

小長井賀與 （信州大学経法学部特任教授・保護司）

箕浦　聡 （東京保護観察所首席保護観察官）

山田憲児 （更生保護法人更新会常務理事・保護司）

《コラム執筆者紹介》

杉本啓二（すぎもと・けいじ）
北海道・旭川地区保護司会会長

早坂逸人（はやさか・はやと）
北海道・旭川地区保護司会保護司

澤田弘志（さわだ・ひろし）
北海道・旭川地区保護司会保護司

山元俊一（やまもと・しゅんいち）
東京・豊島区保護司会会長

佐川　健（さがわ・けん）
東京・大田区保護司会会長

岡村幸子（おかむら・さちこ）
東京・大田区保護司会副会長，サポートセンター長

伊藤伸一（いとう・しんいち）
東京・大田区保護司会副会長，ICT委員長

平田敦之（ひらた・あつし）
滋賀・彦根保護区保護司会会長

岩田文明（いわた・ふみあき）
鳥取県保護司会連合会会長

《執筆者紹介》執筆順，＊は編者

＊今 福 章 二（いまふく・しょうじ）
編著者紹介参照

押 切 久 遠（おしきり・ひさとお）
法務省保護局長

赤 根 智 子（あかね・ともこ）
国際刑事裁判所所長

中 島 岳 志（なかじま・たけし）
東京科学大学リベラルアーツ研究教育院教授

宮 田 祐 良（みやた・ゆうりょう）
前法務省保護局長

小 林 聖 仁（こばやし・しょうじん）
更生保護法人全国保護司連盟顧問

東 畑 開 人（とうはた・かいと）
白金高輪カウンセリングルーム心理士

山 田 憲 児（やまだ・けんじ）
更生保護法人更新会常務理事・保護司

原 田 正 樹（はらだ・まさき）
日本福祉大学学長

高 橋 有 紀（たかはし・ゆき）
福島大学行政政策学類准教授

ローソン キャロル（LAWSON Carol）
東京大学大学院法学政治学研究科教授

《編著者紹介》

今福章二（いまふく・しょうじ）

保護司みらい研究所代表，全国更生保護法人連盟理事長，日本BBS連盟会長，中央大学法科大学院客員教授，保護司。元法務省保護局長。京都大学法学部卒業。カナダ・サイモンフレーザー大学犯罪学部修士課程修了（修士（犯罪学））。1985年に東京保護観察所に採用され，法務省保護局，国連アジア極東犯罪防止研修所，那覇保護観察所等の勤務を経て，2019年1月法務省保護局長就任，2021年7月退職。主著に『保護観察とは何か』（法律文化社，2016年），『刑事司法と福祉』（ミネルヴァ書房，2023年）（いずれも共著）など。

文化としての保護司制度
——立ち直りに寄り添う「利他」のこころ——

2024年10月1日　初版第1刷発行　〈検印省略〉

定価はカバーに
表示しています

編著者　今　福　章　二
発行者　杉　田　啓　三
印刷者　坂　本　喜　杏

発行所　株式会社　ミネルヴァ書房
607-8494　京都市山科区日ノ岡堤谷町1
電話代表　(075)581-5191
振替口座　01020-0-8076

冨山房インターナショナル・吉田三誠堂製本

ISBN 978-4-623-09819-4
Printed in Japan